माँ ही है भगवान

(माँ पर लिखी श्रेष्ठ कविताओं का संग्रह)

डॉ. सुनील जोगी

डायमंड बुक्स

ISBN : 9

प्रकाशक : **डायमंड पॉकेट बुक्स (प्रा.) लि.**
X-30, ओखला इंडस्ट्रियल एरिया, फेज-II
नई दिल्ली-110020
फोन : 011-41611861
फैक्स : 011-41611866
ई-मेल : sales@dpb.in
वेबसाइट : www.dpb.in
संस्करण : 2008
मुद्रक : आदर्श प्रिंटर्स, शाहदरा, दिल्ली - 32

MAA HI HAI BHAGWAN
by : Dr. Sunil Jogi

समर्पण

उच्चतम न्यायालय
के
प्रख्यात अधिवक्ता, विधि विशेषज्ञ
समाज सेवी एवम् हम सबके प्रेरणास्रोत
श्री मंजुल कुमार जी
तथा स्वनामधन्य राजनेता
बाबू जगजीवन राम जी
की
सुपुत्री, भारत की प्रथम महिला लोकसभाध्यक्ष
साहित्यानुरागी, सादगी
एवम् विनम्रता की प्रतिमूर्ति, कवयित्री
मृदुभाषिणी, ममतामयी
श्रीमती मीरा कुमार जी को
सम्पूर्ण आस्था
के साथ सादर समर्पित

—डॉ. सुनील जोगी

अनुक्रमणिका

● समर्पण

● भूमिका

1.	अम्मा	आलोक श्रीवास्तव	00
2.	अम्मा: एक कथागीत	सुधांशु उपाध्याय	00
3.	अंधियारी रातों में	अमित कुलश्रेष्ठ	00
4.	आदि से अंत तक	राकेश खंडेलवाल	00
5.	ताँका	डॉ. जगदीश व्योम	00
6.	तुम्हीं मिटाओ मेरी उलझन	शास्त्री नित्यगोपाल कटारे	00
7.	तू है	नीलम जैन	00
8.	चार कवियों के दोहे	निदा फाजली, सतीश चंद्र उपाध्याय, शास्त्री नित्यगोपाल कटारे व ओम शर्मा	00
9.	तुमको शत-शत वंदन	जयश्री अंबासकर	00
10.	नमन में मन	पूर्णिमा बर्मन	00
11.	पिछले साठ बरसों से	केदारनाथ सिंह	00
12.	प्यारी माँ	अश्विन गांधी	00
13.	बच्ची हो गई अम्मा	रंजीत भट्टाचार्य	00
14.	बारामूला	सुषम बेदी	00
15.	बेसन की सोंधी रोटी	निदा फाजली	00
16.	ममतामयी	प्रीति हजेला	00
17.	ममता की सुधियाँ	सोहिनी	00
18.	ममता की मूरत	मंगल नसीम	00
19.	माँ की याद	हरिहर झा	00
20.	दो छोटी कविताएँ		
	(अ) माँ	क्रांति	00
	(ब) माँ	डॉ. सरोज कुमार वर्मा	00
21.	हज़ारों दुखड़े सहती	मनोज 'भावुक'	00

22.	माँ	संतोष कुमार सिंह	00
23.	कितनी करुणा!	भानुदत्त त्रिपाठी 'मधुरेश'	00
24.	माँ: एक याद	संध्या	00
25.	माँ और भगवान	जगदीश प्रसाद सारस्वत 'विकल'	00
26.	माँ: कबीर की साखी	डॉ. जगदीश व्योम	00
27.	माँ की ममता	ब्रजेश कुमार शुक्ला	00
28.	माँ की याद	मंजुरानी सिंह	00
29.	माँ की याद	सर्वेश्वर दयाल सक्सेना	00
30.	माँ के नाम	सरदार कल्याण सिंह	00
31.	माँ के लिए	अर्चना हरित	00
32.	माँ तुम्हारी याद	विष्णु विराट	00
33.	माँ: दो क्षणिकाएं	शैल अग्रवाल	00
34.	माँ हमारी सदानीरा	कुमार रवींद्र	00
35.	माँ कुछ दिन	आर. सी. शर्मा 'आरसी'	00
36.	मेरा आदर्श	अभिनव शुक्ला	00
37.	याद तुम्हारी आई	भगवत शरण श्रीवास्तव-'शरण'	00
38.	वो हाथ! (अम्मा के नाम)	डॉ. अब्दुल्लाह	00
39.	वो है मेरी माँ!	देवी नागरानी	00
40.	स्नेहपूर्ण स्पर्श	शीला मिश्रा	00
41.	माँ	डॉ. शैलजा सक्सेना	00
42.	माँ	दीपा जोशी	00
43.	भ्रूण हत्या	सौरभ जैन 'सुमन'	00
44.	माँ क्या है?	उमेश कुमार गुप्ता	00
45.	अम्मा	राजेश 'चेतन'	00
46.	माँ	कृष्ण कुमार यादव	00
47.	माँ	शबनम शर्मा	00
48.	माँ की कुछ छोटी कविताएँ	रचना श्रीवास्तव	00
49.	माँ की मोहब्बत	इमरान 'प्रतापगढ़ी'	00
50.	माँ के खत	रंजना रंजू भाटिया	00

51.	माँ छुपा लो ना मुझे अपने आँचल में कहीं!	मेघा भाटिया	00
52.	ममता की उधेड़बुन	बेजी	00
53.	माँ	खुशी	00
54.	वंदेमातरम	राजसिंह	00
55.	एक उलझन	खुशी	00
56.	माँ कभी खत्म नहीं होती	रंजना रंजू भाटिया	00
57.	माँ तू महान है	अंकित	00
58.	मातृत्त्व	अंकिता यादव	00
59.	अम्मा	सतीश सक्सेना	00
60.	माई! ओ माई!!	ताहिर फ़राज	00
61.	माँ	डॉ. सुनील जोगी	00
62.	माँ : एक दास्ताँ	डॉ. सुनील जोगी	00
63.	माँ की डिग्रियाँ	अशोक कुमार पाण्डेय	00
64.	माँ बिन सृष्टि कहाँ चलती है!	इंदुमती मिश्रा 'किरण'	00
65.	माँ	डॉ. ज्योत्सना श्रीवास्तव	00
66.	माँ	ममता दीवान	00
67.	माँ	रीटा भल्ला	00
68.	माँ	पं. ओमव्यास 'ओम'	00
69.	अनाथ की माँ	शिवकुमार 'बिलग्रामी'	00
70.	अम्मा	संतोष कुमार तिवारी	00
71.	माँ	जय वर्मा	00
72.	प्रायश्चित	रसिक गुप्ता	00
73.	माँ	तहसीन मुनव्वर	00
74.	प्रवासी बेटे का अन्तर्मन	विजय 'काका'	00
75.	अनपढ़ माँ	चिराग़ जैन	00
76.	माँ का प्यार नहीं है	कमलेश द्विवेदी	00
77.	माँ के जैसा प्यार	सलिल 'सागर'	00
78.	माँ : कुछ छवियाँ	डॉ. सुनील जोगी, मुनव्वर राना और डॉ. सुरेश अवस्थी	00

भूमिका

'माँ' दुनिया का सबसे खूबसूरत शब्द है। 'माँ' शब्द का उच्चारण करते समय हमारी आंखों के समक्ष एक ऐसी ममतामयी और वात्सल्य की प्रतिमूर्ति उभरती है, जिसकी आँखों में निश्छल और निष्कपट प्रेम है। यही वह शब्द है, जिसे परिभाषित नहीं किया जा सकता। इसके आगे सारे अर्थ चुक जाते हैं। इसकी महिमा अनन्त है,जिसका शब्दों में वर्णन नहीं किया जा सकता है, सिर्फ़ ज्ञानेन्द्रिय द्वारा महसूस किया जा सकता है।

कोई भी स्त्री तभी पूर्णता प्राप्त करती है, जब वह माँ बनती है। माँ न बनने की पीड़ा उस बांझ स्त्री से पूछिए, जो निरंतर माँ बनने के लिए छटपटाती रहती है और वह भीतर-ही-भीतर घुटती रहती है। अपने अस्तित्त्व की अपूर्णता का बोध उसे प्रतिपल कचोटता रहता है।

प्रकृति और पुरुष से ही यह सृष्टि चलती है। प्रकृति की अद्‌भुत और अद्वितीय प्रक्रिया है—माँ बनना! वह एक स्त्री के जीवन का सुखदतम एहसास है, जिसे वह अपार कष्ट सहकर महसूस करती है वह अपनी कोख में पल रहे जीवन के सूक्ष्म अंश को अपने रक्त से सींचती है। उसे अपने हिस्से की खुराक देती है। गर्भकाल के नौ माह बच्चे के आगमन की प्रतीक्षा में कब व्यतीत हो जाते है, उसे पता ही नहीं चलता! वह अपने शरीर के अभिन्न अंश की एक-एक गतिविधि पर नज़र रखती है और नौ माह का समय बीतने पर उसे जन्म देती है। बच्चे का कोमल स्पर्श और उसका रोना-हंसना उसकी सारी पीड़ा हर लेता है, फिर वह उसके पालन-पोषण में व्यस्त हो जाती है। बच्चे को धरती पर लाकर वह एक पूर्ण स्त्री का दर्ज़ा पा जाती है और स्वयं गौरवान्वित होती है। नन्हे बच्चे की मासूम

हरकतों से सारा घर आनंद के सागर में डूब जाता है और उसको दुलार कर घर का हर सदस्य अपना बचपन याद करता है।

बच्चे के जन्म लेते ही परिवार में सारे रिश्ते-नाते शुरू हो जाते हैं। कोई दादा बन जाता है, तो कोई दादी! तो कोई नाना, और कोई नानी! भाई, बहिन, चाचा, ताऊ, काका, मामा, बुआ...आखिर कितने रिश्ते गिनाएं! यह होता है, तो केवल बच्चे के जन्म लेने पर ही! सारा घर प्रफुल्लित हो उठता है। परिवार में बच्चे को प्यार करने, दुलार करने की होड़ शुरू हो जाती है।

माँ का प्रमुख रूप जननी का है, जो नौ माह अपने गर्भ में जीवन के बीज-रूप को संरक्षित करके उसे बच्चे के रूप में जन्म देती है। गर्भ-काल और प्रसव-काल के असहनीय दर्द को हँस-हँसकर सहन करती है। वह बच्चे की आवाज़ और उसका मुँह देखकर अतीत में भोगी सारी पीड़ा भूल जाती है।

'श्रीदुर्गासप्तशती' के 'तंत्रोक्त देवी सूक्त' में कहा गया है-

'या देवी सर्वभूतेषु मातृरूपेण संस्थिता
नमस्तस्यै नमस्तस्यै नमस्तस्यै नमो नमः'

यहाँ पर श्री दुर्गा की वंदना जगज्जननी माँ के रूप में की गई है। वह जगत को जन्म देने वाली जननी है और पृथ्वी की हर माँ उनकी प्रतिनिधि है। इस प्रकार सांसारिक माँ भी 'जगज्जननी' है।

माँ; बच्चे का बड़े होने तक पालन-पोषण करती है। बल्कि कहा जाय कि बच्चा कितना भी बड़ा क्यों न हो जाय, माँ के सामने हमेशा बच्चा ही रहता है। बच्चे में 'बड़े' होने का बोध हो सकता है, लेकिन माँ के सामने वह कभी बड़ा नहीं हो पाता।

पालन-पोषण करने के क्रम में वह अपार कष्ट सहती है। रात-रात भर जागती है, खुद गीले में सोती है, लेकिन बच्चे को सूखे में सुलाती है। उसकी एक किलकारी, एक मुस्कराहट को देखकर अपने सारे गम भूल जाती है। अपार सहनशीलता है उसमें! वह पृथ्वी के समान है, जो सहनशीलता की सीमा है। कबीरदासजी कहते हैं-

कर गहि केस करे जो घाता
तऊ न हेत उतारै माता

इतनी सहनशीलता! बच्चा बाल पकड़कर मार रहा है और वह उसे डांटने के बजाय अपना बचाव कर रही है। पिता में वो बात कहाँ? यदि बच्चे को पालने का जिम्मा पिता को सौंप दिया जाय, तो आप सच मानिए कि वह निश्चित रूप से अपनी सीमा का अतिक्रमण कर जाएगा! माँ किसी सूरत में सीमा का उल्लंघन नहीं करती है। उसके इसी रूप के कारण उसे भारतीय संस्कृति में 'देवी' का स्थान मिला है। बच्चे से कहा जाता है–

मातृदेवो भव, पितृदेवो भव, अतिथिदेवो भव

हर जगह माता का स्थान पिता से पहले दिया गया है। जो लोग माँ को देवतुल्य मानकर उसका आदर करते है; उन पर आशीर्वाद की बारिश होती है। इस्लाम में कहा जाता है–"माँ के क़दमों में जन्नत होती है।" यहाँ पर भी उसके देवीरूप की प्रतिष्ठा की गई है।

इसीलिए उसका जन्मदात्री-जगज्जननी रूप सर्वथा प्रणम्य और वंदनीय है।

उसने ही न जाने कितने अवतारों, पैगम्बरों, सूफी-संतों और मसीहाओं को जन्म दिया है। वह ऐसी शक्ति की प्रतीक है, जो नवजीवन देती है। हमारे धार्मिक ग्रंथों में उल्लेख है कि देवता भी दैत्यों-राक्षसों से पराजित और अपमानित होकर केवल माँ की शरण में आते है और माँ उनकी सर्वविध रक्षा करती हैं। वह अपराजिता हैं।

माँ दुर्गास्वरूपा है। जब-जब बच्चे पर विपत्ति आती है, तो उसे दुबकने को केवल माँ का आँचल दिखाई पड़ता है। उसे अबला कहा जाता है, पर बच्चे पर आक्रमण होने पर उसमें अपार शक्ति आ जाती हैं, वह दुर्गा बन जाती है, चण्डी बन जाती है।

कहा जाता है कि बच्चे की प्रथम पाठशाला उसका घर है और बच्चे की प्रथम गुरू उसकी माँ! उसके आँचल की छत्रछाया में ही वह अपनी तोतली जबान से शब्दोच्चारण करना सीखता है। 'माँ' बोलना सीखता है। बाद में माँ ही अन्य सम्बन्धों से उसका परिचय कराती है। माँ के बिना पिता का भी कोई अस्तित्त्व नहीं! माँ ही बच्चे को पिता से परिचित कराती है। बच्चे को प्यार से निर्देश देती है। वह उस कुम्हार के समान है, जो कच्ची मिट्टी के लौंदे को चाक पर रखकर रूपाकार

देता है और बाद में उसे आग में पकाकर उसे मज़बूत बनाता है। इसी प्रकार माँ-रूपी कुम्हार बच्चे को मनचाही आकृति देती है। वह ही उसे हाथ पकड़कर चलना सिखाती है, उसके लड़खड़ाते कदमों को मज़बूती प्रदान करती है।

वह सरस्वती रूपा है, जो बच्चे के भविष्य की नींव डालती है। उसके मृदु स्पर्श व निर्देशन से ही बच्चे की अदृश्य सरस्वती जाग्रत होती है। वह एक ऐसी गुरु है, जो शिक्षित करने के बदले में कोई गुरु-दक्षिणा नहीं माँगती है, प्रत्युत्त आवश्यकता पड़ने पर बच्चे को कुछ-न-कुछ देती ही रहती है। इसीलिए बच्चे पर माँ का ऋण हर समय चढ़ा रहता है। वह इस ऋण से आजीवन मुक्त नहीं हो पाता। बच्चे के जीवन में माँ की शिक्षा के बिना आदर्श जीवन की कल्पना करना व्यर्थ है।

बच्चे को आदर्श मनुष्य और आदर्श राष्ट्र-नागरिक बनाने में माँ की महती भूमिका है। यह सब संस्कारों के कारण संभव हो पाता है। माँ ही बच्चे को संस्कारों की घुट्टी पिलाकर उसके संपूर्ण जीवन को संस्कारित करती है। संस्कारों की भट्टी में तपाकर वह उसे खरा सोना बनाती है। वास्तव में संस्कार ही वे कर्म होते हैं, जो किसी व्यक्ति के जीवन की आधार शिला बनकर उसके जीवन को सुदृढ़ता प्रदान करते है। संस्कारों की जैविक खाद से ही बच्चा नन्हे बीज के रूप में प्रस्फुटित होकर भविष्य का विशाल वृक्ष बनता है। किसी व्यक्ति को देखकर जब कोई दूसरा व्यक्ति कहता है कि वह बड़ा संस्कारवान है, तो प्रकारांतर से वह उसकी माँ की ही प्रशंसा कर रहा होता है।

नन्हे बच्चे को माँ ही सिखाती है कि बेटा! ये भगवान हैं, इनको प्रणाम करो, दण्डवत् करो, अपना सिर झुकाओ! ये दादाजी है, नानीजी हैं, इनके चरण-स्पर्श करो! अपने पर्स में से पैसे निकालकर भिखारी को दिलवाती हैं। साधु-संतों ब्राह्मणों के समक्ष नतमस्तक होना सिखाती है। पास-पड़ौस वालों को चाचा, मामा, काका आदि कहना सिखाती है। बच्चा जब भूल से किसी व्यक्ति की कोई वस्तु उठाकर घर ले आता है। तो वह उसे हठकर वापस कराती है। वह जब झूठ बोलता है, तो उसे सच बोलने की प्रेरणा देती है। इस प्रकार के अनेक संस्कार वह

उसके जीवन में भरती है। वह उसका संस्कार कर उसको शुद्ध करती है।

विश्व में जितने भी महापुरुष हुए हैं, उनके जीवन-निर्माण में उनकी माँ द्वारा प्रदत्त संस्कारों का बड़ा योगदान रहा है। गांधीजी ने अपनी आत्मकथा में अपने जीवन में माँ की भूमिका के महत्त्व को रेखांकित करते हुए उनका बड़ा गुणगान किया है। शिवाजी, अब्राहम लिंकन, नेहरूजी , शास्त्रीजी, अल्बर्ट आइन्सटाइन, डॉ.ए.पी.जे. अब्दुलकलाम जैसे महापुरुषों के जीवन को संस्कारित करने में उनकी माँ की अविस्मरणीय भूमिका रही है।

माँ ही अन्नपूर्णा और शाकुम्भरी है। धार्मिक साहित्य में अन्नपूर्णा और शाकुम्भरी वे देवियाँ है; जो क्रमशः अन्न व शाक-सब्जियों और फलों इत्यादि से मनुष्य का पोषण कर उसका स्वास्थ्य संवर्द्धन करती हैं। इसलिए माँ अन्नपूर्णा है, जिसका रसोई पर वर्चस्व और एकाधिकार होता है। वह पूरे परिवार की स्वास्थ्य रक्षिका है, जो हर सदस्य की आवश्यकता के अनुसार उसके भोजन का ध्यान रखती है, जिससे वह स्वस्थ जीवन जीने में सक्षम होता है। वह हमें साफ-सफाई कर घर और आसपास के वातावरण को शुद्ध रखने, स्वास्थ्य, फिटनेस इत्यादि को बनाए रखने में मुख्य भूमिका निभाती है। वह पीढ़ियों से वाचिक परम्परा के अचूक और रामबाण नुस्खों को अपने परिवार पर आजमाती है और परिवार को स्वस्थ रखती है। इन नुस्खों से छोटी-मोटी और कई साध्य-असाध्य बीमारियां चुटकी में चली जाती है। कई बार यह देखा गया है कि एलोपैथिक दवाएं असफल हो गई, लेकिन माँ के अचूक नुस्खे कारगर साबित हुए।

शारीरिक स्वास्थ्य को कायम रखने के साथ ही वह हमारे मानसिक स्वास्थ्य का भी ध्यान रखती है। जब बच्चा ज़िंदगी के किसी मोड़ पर मानसिक टूटन का शिकार होता है, उसके जीवन में अवसाद और निराशा घर कर जाती है, तो वह हमारी अच्छी मित्र, सलाहकार और सहारा बनकर प्रस्तुत होती है। अपने सबल कंधों का सहारा देकर वह हमें टूटने से बचाती है और संघर्ष का एक वीर मनुष्य की तरह सामना करने का हौंसला देती है। वह बहुत बड़ी मनोचिकित्सक है। वह बच्चे की रग-रग से परिचित होती है। वह एल. आई. सी. की ऐसी बहुउद्देशीय पॉलिसी है, जो जीवन के सारे जोखिम कवर करती है। इस

पॉलिसी पर हमें कोई किश्त भी नहीं देनी पड़ती।

वह जननी के साथ-साथ जीवन का आधार है। वह बच्चे के जीवन को सुदृढ़ बनाती है। वह बच्चे को स्तनपान कराती है। उसके अमृततुल्य दूध से बच्चे के अंग-प्रत्यंगों का तेजी से विकास होता है। आधुनिक विज्ञान ने भी यह सिद्ध कर दिया है कि माँ का दूध बच्चे के स्वास्थ्य के लिए सर्वोत्तम है। जो बच्चा एक वर्ष तक लगातार माँ का दूध पी लेता है, वह आजीवन संक्रमण और घातक रोगों से बचा रहता है।

माँ लक्ष्मीरूपा है। वह परिवार की वित्तीय जरूरतों को पूरा करती है और क़दम-क़दम पर वित्तीय सामन्जस्य बिठाती है। ये सच है कि पिता पर धन कमाने का कार्य-भार होता है, लेकिन किस मद में कितना खर्च होना है- इसका इंतज़ाम माँ ही करती है। वह परिवार की वित्त मंत्री होने के साथ-साथ परिवार के हर सदस्य की वित्तीय सलाहकार भी है। परिवार के हर व्यक्ति की वित्तीय आवश्यकताओं को वह भली-भाँति समझती है। वह बच्चों को धन का महत्त्व बताते हुए उन्हें बचत करने की कला सिखाती है। वह सिखाती है कि बचत करने से भविष्य सुरक्षित होता है। वह पति की नज़रों से बचाकर 'आपातकालीन कोष' इकट्ठा करती है और उसको इस कोष की पति को भनक भी नहीं लगने देती।

जब अचानक पैसे की ज़रूरत पड़ती है, तो वह अपना 'आपातकालीन कोष' खोल देती है। ज़रूरत पड़ने पर बच्चे को चुपके से पैसे दे देती है और बच्चे का काम बनने पर खुश होती है। लेकिन जब बच्चा अधिक लाड़-प्यार के कारण अनाप-शनाप खर्च करता है, तो वह उसके खर्चों पर सख्ती से लगाम लगाने से भी नहीं चूकती। वह आर्थिक सुरक्षा का कवच है।

वह बचत से 'सामाजिक चलन' चलाती है। बच्चा माँ से ही सामाजिक व्यवहार करने का पहला सबक सीखता है।

वह खुद अपनी ज़रूरतों में कटौती करके बच्चों की ज़रूरतों को पूरा करती है। बच्चे को अच्छे-से-अच्छा खिलाती है और अच्छे-से-अच्छा पहनाती है।

इस प्रकार माँ लक्ष्मीरूप से अपने बच्चे तथा परिवार की ज़रूरतों

को पूरा करने में ही अपना सारा जीवन खपा देती है।

माँ परिवार की न्यायाधीश है। घर में जब चार बर्तन होते हैं, तो खटकते ही हैं। परिवार में आए-दिन होने वाले झगड़ों को सुलझाने में उसका महती योगदान है। वह संवाद के पुल की भूमिका का निर्वहन करती है। वह बच्चे की गलती को नजरंदाज़ करती है, माफ करती है वह उसे पिता की मार से बचाती है, लेकिन बच्चे की गलती जब उसके लिए असह्य हो जाती है, तो पिता के समक्ष उसे प्रस्तुत कर उसे दंड भी दिलवाती है। गलती होने पर कभी-कभी स्वयं भी दंड देती है। वह नीर-क्षीर विवेककारी है। इस प्रकार उसका न्यायाधीश रूप मुलायमियत और कठोरता का सम्मिश्रण होता है।

वह आस्था रूपा है, श्रद्धा रूपा है। माँ में बच्चे की सहज आस्था और श्रद्धा होती है। उसे एहसास होता है कि माँ ने उसके लिए बडे कष्ट सहन किए हैं। माँ की दुआएं, उसका आशीर्वाद बच्चे का रक्षा-कवच होता है। जो बच्चा अपनी माँ की जितनी सेवा कर, उसकी आज्ञा को वेद-वाक्य मानकर अपने कर्त्तव्य का पालन करता है, वह जीवन में उतना ही सफल होता है। माँ के आशीर्वाद की छत्र-छाया उसको बुरी दृष्टि से भी बचाती है।

अक्सर देखने में आता हे कि बहुत-से पुत्र नालायक निकल जाते हैं। वे अपनी माँ का कहना नहीं मानते। उसका तिरस्कार करते हैं, उसे प्रताडित करते हैं, लेकिन माँ उनका कभी अहित नहीं चाहती। 'श्री दुर्गा सप्तशती' के 'क्षमापन स्तोत्र' में कहा गया है-

'पुत्र कुपुत्रो जायेत क्वचिदपि कुमाता न भवति'

(पुत्र कुपुत्र हो सकता है, लेकिन किसी भी सूरत में माता, कुमाता नहीं होती।)

वह सदैव अपने बच्चे के मंगल की ही कामना करती है।

माँ शक्ति रूपा है- **'या देवी सर्वभूतेषु शक्तिरूपेण संस्थिता, नमस्तस्यै, नमस्तस्यै, नमस्तस्यै नमो नमः'**

वह बच्चे का संबल है। बच्चे की आंतरिक और बाह्य दोनों प्रकार की

शक्ति है। जीवन एक युद्ध-क्षेत्र है। माँ बच्चे को इस क्षेत्र में संघर्ष करना सिखाती है। उसका आशीर्वाद और प्रोत्साहन ही बच्चे का रक्षा-कवच है, जो जीवन में कदम-कदम पर उसकी सर्वविध रक्षा करता है। माँ की शक्ति से ही बच्चा जीवन-समर में कूद पड़ता है और निरंतर संघर्ष करते हुए अपनी मंज़िल को पाने की कोशिश करता है। वह सफल होता है और असफल भी! असफल होने पर माँ की शक्ति के बूते वह दुगुने उत्साह से फिर संघर्ष करता है और सफलता प्राप्त करता है।

संसार में अकेली माँ ही ऐसी प्राणी होती है, जो बच्चे से निर्व्याज प्रेम करती है। तुलसीदास जी ने भी कहा है- **'स्वारथ लाग करैं सब प्रीती।'**

इस संसार में सभी जन एक-दूसरे से स्वार्थ के वशीभूत होकर प्रेम करते हैं। उनका प्रेम देश, काल, वातावरण और परिस्थितियों के अनुसार बदलता रहता है, किंतु माँ का प्यार ही ऐसा है, जो सतत और अनन्त होता है। वह बच्चे से दिल की गहराइयों से प्रेम करती है और उसका प्यार अपरिवर्तनीय होता है। वह प्यार में प्रतिदान नहीं चाहती। वह बच्चे से कुछ नहीं माँगती, बल्कि प्रतिपल उसे कुछ-न-कुछ देना ही चाहती है।

जिस प्रकार शरीर से आती-जाती साँसों और धड़कनों को अलग नहीं किया जा सकता, उसी प्रकार माँ का प्यार है, जो बच्चे के शरीर की रग-रग में समाया हुआ है। लेकिन यदि वह उसका विश्लेषण कर खोजना चाहे, तो अदृश्य रूप में स्थित होने के कारण वह नहीं दिखाई नहीं पड़ेगा। उसे केवल महसूस किया जा सकता है।

इस प्रकार माँ बच्चे के लिए भगवान से बढ़कर होती है। बहुत-से कृतघ्न बच्चे अपनी माँ का महत्त्व नहीं जान पाते, लेकिन जब वह दृश्य-पटल से ओझल हो जाती है, तब उसके गुणों को याद कर-करके पछताते हैं।

संयुक्त परिवार में रह रही ऐसी माँ के आधा दर्ज़न से लेकर एक दर्ज़न तक बच्चे होते थे। दिन-रात काम करने के बाद भी उसमें चुस्ती-फुर्ती रहती थी और, बच्चे होने से लेकर उनके पालन-पोषण तक कोई परेशानी नहीं होती थी; क्योंकि परिवार की वरिष्ठ महिलाएँ और बुज़ुर्ग सारी जिम्मेदारी उठा लेते थे। ऐसी माँ की बेटियाँ जब बड़ी हो जाती थी; तो वे अपनी माँ के काम में हाथ बँटाती थीं और बेटों का

विवाह हो जाने के बाद उनकी बहुएँ सारी जिम्मेदारी सँभाल लेती थी।

ऐसी माँ कभी किसी से कोई गिला-शिकवा नहीं करती थी और हँसते-हँसते सारी जिम्मेदारी निभाती थी, लेकिन जब-संयुक्त परिवार की परम्परा क्षीण हुई और एकल परिवार बने, तब से कोई अंकुश न रहने के कारण वह खुदमुख्त्यार हो गई और 'मैं, मेरा मुंसिफ और तीसरे का मुँह भुस्स' वाली कहावत उन पर चरितार्थ होने लगी। सारी सुख-सुविधाओं का भोग करते हुए उसने संयुक्त परिवार जैसा काम करना बंद कर दिया। नौकरों-चाकरों पर निर्भर रहने के कारण उसका शरीर बीमारियों का घर बन गया। मात्र दो-तीन बच्चे पैदा करने में विश्वास करने वाली 'आधुनिक माँ' का कामकाज न करने के कारण सीजेरियन ऑपरेशन से प्रसव होने लगा। कतिपय आधुनिक माँओं के कामकाजी होने के कारण बच्चों की नौकरों पर निर्भरता के कारण वे उच्छृंख्ल होने लगे और उनका अपनी माँ के प्रति पहले जैसा लगाव भी नहीं रह गया।

आजकल की 'माँ' की भूमिका में पहले की अपेक्षा ज़मीन-आसमान का अंतर है। वह हर चीज 'इन्सटेन्ट' चाहती है। वह चाहती है कि मात्र एक गोली देने अथवा एक इंजेक्शन लगाने से उसका बच्चा 'सुपर बच्चा' बन जाए, जो दुनिया का मुकाबला कर उसे हर स्तर पर मात दे दे। कड़ी प्रतिस्पर्द्धा के इस 'इंटरनेट युग' में यह स्वाभाविक भी है; क्योंकि ऐसा न करने से बच्चा अपने को कहीं भी 'स्टैंड' नहीं कर पाएगा और अपने-आपको सिद्ध नहीं कर पाएगा। आज बच्चों से परंपरागत संस्कार विलुप्त होते जा रहे हैं। आधुनिक परिवारों में माँओं ने परम्परागत भोजन को तिलांजलि दे दी है। 'इन्सेन्ट कल्चर' में हर चीज़ 'इन्स्टेन्ट' होती जा रही है। इसका परिणाम ये हुआ है कि माँओं के साथ-साथ बच्चे भी तरह-तरह की असाध्य बीमारियों का शिकार होते जा रहे है। ये सब 'फास्ट कल्चर' के कारण हो रहा है। समय का अभाव इसमें बड़ी भूमिका निभा रहा है। आधुनिक माँ और बच्चों पर 'केबिल कल्चर' इस कदर हावी है कि इससे उनके संपूर्ण जीवन पर इसके दुष्प्रभाव देखने को मिल रहे हैं। बच्चे उन्मादी और उच्छृंखल हो रहे हैं और उनमें अपराधी प्रवृत्ति बढ़ रही है। वे कभी कुंठित होकर आत्महत्या

कर रहे हैं; तो कभी छोटी-सी बात पर दूसरे की जान लेने से भी नहीं हिचक रहे। आधुनिक माँ इन स्थितियों की मात्र साक्षी है और पूर्णतया बेबस है।

कुछ माएँ अपने सौंदर्य के नष्ट हो जाने के कारण अपने बच्चों को अपना दूध नहीं पिलातीं। वे उन्हें थैली अथवा पाउडर के दूध पर जिंदा रखती हैं। ऐसे बच्चे अराजक और अनुशासनहीन तो होंगे ही! वे पैसे से सब-कुछ खरीद लेना चाहती हैं- बच्चे की परवरिश, वात्सल्य आदि। लेकिन पैसे से भावनाएं और प्यार नहीं खरीदा जा सकता।

आजकल टैस्ट ट्यूब बेबी भी खूब पैदा हो रहे हैं। किसी अनजान पुरुष के शुक्राणु को अपने गर्भ में आरोपित करवाकर बच्चे पैदा करना निःसंतान माँओं में एक प्रचलित प्रक्रिया है। 'सरोगेट मदर' (उधार ली हुई कोख द्वारा माँ) का भी प्रचलन बढ़ा है। बताइए ऐसी माँओं और उनके बच्चों में किस प्रकार के सम्बन्ध होंगे?

बहरहाल आजकल माँओं के स्वरूप के साथ बच्चों का भी स्वरूप बदल रहा है। ये वक्त का तकाजा है क्योंकि माँ-बच्चों दोनों को ही समय की रफ्तार के साथ आगे बढ़ना है।

लेकिन माँ तो माँ है। उसका कोई सानी नहीं। वह अतुलनीय है और सृष्टि के अंत तक रहेगी। बच्चा चाहे कृतघ्न निकल जाए, लेकिन उसका प्यार हमेशा अपरिवर्तनीय रहेगा। उसके दिल से हर सूरत में दुआएं ही निकलेंगी, जो बच्चे के जीवन को कदम-कदम पर संबल प्रदान करेंगी।

इस पुस्तक में हमने माँ के विविधवर्णी रूपों को दर्शाती उत्कृष्ट कविताओं का संयोजन किया है, जिनको पढ़कर आप अपनी माँ को अवश्य याद करेंगे और उसके चरित्र का स्मरण कर एकबारगी आपकी आँखें डबडबा जाएंगी।

तो पढिए व आनंद लीजिए इन कविताओं का और माँ की अटूट स्मृतियों में खो जाइए।

डॉ. सुनील जोगी

वेबसाईट- www. hasya kavi sammelan.com
ई-मेल- kavi sunil jogi @ gmail.com

1. अम्मा

– आलोक श्रीवास्तव

चिंतन दर्शन जीवन सर्जन
रूह नज़र पर छायी अम्मा
सारे घर का शोर-शराबा
सूनापन तनहाई अम्मा

अपने खुद को खोकर मुझमें
एक नया आकार लिया है
धरती, अम्बर, आग, हवा, जल
जैसी ही सच्चाई अम्मा

सारे रिश्ते जेठ-दुपहरी
गर्म हवा आतिश-अंगारे
झरना, दरिया, झील, समंदर
भीनी-सी पुरवाई अम्मा

घर में झीने रिश्ते मैंने
लाखों बार उघड़ते देखे
चुपके-चुपके कर देती थी
जाने कब तुरपाई अम्मा

बाबूजी गुजरे आपस में
सब चीज़ें तकसीम हुई तब
मैं घर में सबसे छोटा था
मेरे हिस्से आई अम्मा

2. अम्मा: एक कथागीत

– सुधांशु उपाध्याय

थोड़ी-थोड़ी धूप निकलती थोड़ी बदली छाई है
बहुत दिनों पर आज अचानक अम्मा छत पर आई है।
शॉल सरककर कांधों से उजले पाँवों तक आया है
यादों के आकाश का टुकड़ा फरी दरी पर छाया है
पहले उसको फुर्सत कब थी छत के ऊपर आने की
उसकी पहली चिंता थी घर को जोड़ बनाने की
बहुत दिनों पर धूप का दर्पण देख रही परछाई है।
बहुत दिनों पर आज अचानक अम्मा छत पर आई है।

सिकुड़ी-सिमटी उस लड़की को दुनिया की काली कथा मिली
पापा के हिस्से का कर्ज़ मिला सबके हिस्से की व्यथा मिली
बिखरे घर को जोड़ रही थी, काल-चक्र को मोड़ रही थी
लालटेन-सी जलती-बुझती गहन अंधेरे तोड़ रही थी
सन्नाटे में गूँज रही वह धीमी-सी शहनाई है।
बहुत दिनों पर आज अचानक अम्मा छत पर आई है।

दूर गाँव से आई थी वह दादा कहते बच्ची है
चाचा कहते भाभी मेरी फूलों से भी अच्छी है
दादी को वह हँसती-गाती अनगढ़-सी गुड़िया लगती थी
छोटा मैं था- मुझको तो वह आमों की बगिया लगती थी
जीवन की इस कड़ी धूप में अब भी वह अमराई है।
बहुत दिनों पर आज अचानक अम्मा छत पर आई है।

नींद नहीं थी लेकिन थोड़े छोटे-छोटे सपने थे
हरे किनारे वाली साड़ी गोटे-गोटे सपने थे
रात-रात भर चिड़िया जगती पत्ता-पत्ता सेती थी
कभी-कभी आँचल का कोना आँखों पर धर लेती थी
धुंध और कोहरे में डूबी अम्मा एक तराई है।
बहुत दिनों पर आज अचानक अम्मा छत पर आई है।

हँसती थी तो घर में घी के दीए जलते थे
फूल साथ में दामन उसका थामे चलते थे
धीरे-धीरे घने बाल वे जाते हुए लगे
दोनों आँखों के नीचे दो काले चाँद उगे
आज चलन से बाहर जैसे अम्मा आना-पाई है।
बहुत दिनों पर आज अचानक अम्मा छत पर आई है।

पापा को दरवाज़ो तक वह छोड़ लौटती थी
आँखों में कुछ काले बादल जोड़ लौटती थी
गहराती उन रातों में वह जलती रहती थी
पूरे घर में किरन सरीखी चलती रहती थी
जीवन में जो नहीं मिला उन सबकी माँ भरपाई है,
बहुत दिनों पर आज अचानक अम्मा छत पर आई है

बड़े भागते तीखे दिन वह धीमी शांत बहा करती थी
शायद उसके भीतर दुनिया कोई और रहा करती थी
खूब जतन से सींचा उसने फसल-फसल को खेत-खेत को
उसकी आँखें पढ़ लेती थी नदी-नदी को रेत-रेत को
अम्मा कोई नाव डूबती बार-बार उतराई है।
बहुत दिनों पर आज अचानक अम्मा छत पर आई है।

3. अंधियारी रातों में

– अमित कुलश्रेष्ठ

अंधियारी रातों में मुझको
थपकी देकर कभी सुलाती
कभी प्यार से मुझे चूमती
कभी डाँटकर पास बुलाती

कभी आँख के आँसू मेरे
आँचल से पोंछा करती वो
सपनों के झूलों में अक्सर
धीरे-धीरे मुझे झुलाती

सब दुनिया से रूठ-रपटकर
जब मैं बेमन से सो जाता
हौले से वो चादर खींचे
अपने सीने मुझे लगाती

4. आदि से अंत तक

– राकेश खंडेलवाल

आदि से अंत तक
शून्य से ब्रह्म तक
ज़िंदगी के प्रथम स्वप्न से हो
शुरू
आस की डोर में
सांझ में, भोर में
तुम ही मेरी सखा, तुम ही मेरी
गुरू
तुम ही आराध्य हो
तुम सहज साध्य हो
प्रेरणा धड़कनों के सफ़र की
तुम्हीं
पथ संभाव्य में
मन के हर काव्य में
एक संकल्प लेकर बसी हो तुम्हीं
दर्द की तुम दवा
पूर्व की तुम हवा
चिलचिलाती हुई धूप–छांह हो
सृष्टि आरंभ तुमसे
तुम्हीं पर खतम
बस तुम्हारा ही विस्तार सातों
गगन
एक तुम आरुणी

एक तुम वारुणी
एक तुम ही हवा एक तुम ही अगन
सृष्टि की तुम सृजक
प्यास की तुम चषक
मेरे अस्तित्व का तुम्हीं आधार हो
बिन तुम्हारे कभी
चंद्रमा, न रवि
है अकल्पित कहीं कोई संसार हो
हर घड़ी, एक क्षण
एक विस्तार, तृण
जो भी है पास में, तुमने हमको दिया
किंतु हम भूलते
दंभ में झूलते
साल में एक दिन याद तुमको किया
कैसी है ये सदी
कैसी है त्रासदी
भूल जाते हैं कारण हमारा है जो
है ऋणी अंत तक
प्राण के पंथ पर
सांस हर एक माता; तुम्हारी ही हो ।

5. ताँका

(जापानी कविता का एक रूप, जिसमें 5-7-5-7-7 वर्ण होते हैं।)

– डॉ. जगदीश व्योम

हरी दूब-सी
छाया बरगद-सी
सदा पावन
माँ कभी रामायण
और कभी गीता-सी।

नदी बनती
कभी बनती धूप
कभी बदली
माँ पावन गंगोत्री
जल से भी पतली।

ढल जाती है
घुल-मिल जाती है
माँ तो माँ ही है
प्यार का खजाना है
वेदों ने बखाना है।

6. तुम्हीं मिटाओ मेरी उलझन

– शास्त्री नित्यगोपाल कटारे

तुम्हीं मिटाओ मेरी उलझन
कैसे कह दूँ कि तुम कैसी हो
कोई नहीं सृष्टि में तुम-सा
माँ तुम बिल्कुल माँ जैसी हो।
ब्रह्मा तो केवल रचता है
तुम तो पालन भी करती हो
शिव हरते तो सब हर लेते
तुम चुन-चुन पीड़ा हरती हो
किसे सामने खड़ा करूँ मैं?
और कहूँ फिर तुम ऐसी हो
माँ तुम बिल्कुल माँ जैसी हो।।

ज्ञानी बुद्ध प्रेम बिन सूखे
सारे देव भक्ति के भूखे
लगते हैं तेरी तुलना में
ममता बिन सब रूखे-रूखे
पूजा करे सताए कोई
सबके लिए एक जैसी हो
माँ तुम बिल्कुल माँ जैसी हो।।

कितनी गहरी है अद्भुत-सी
तेरी यह करूणा की गागर
जाने क्यों छोटा लगता है

तेरे आगे करुणा-सागर
जाकी रही भावना जैसी
मूरत देखी तिन्ह तैसी हो
माँ तुम बिल्कुल माँ जैसी हो।।

मेरी लघु आकुलता से ही
कितनी व्याकुल हो जाती हो
मुझे तृप्त करने के सुख में
तुम भूखी ही सो जाती हो
सब जग बदला, मैं भी बदला
तुम तो वैसी-की-वैसी हो
माँ तुम बिल्कुल माँ जैसी हो।।

तुमसे तन-मन जीवन पाया
तुमने ही चलना सिखलाया
पर देखो मेरी कृतघ्नता
काम तुम्हारे कभी न आया
क्यों करती हो क्षमा हमेशा
तुम भी तो जाने कैसी हो!
माँ तुम बिल्कुल माँ जैसी हो।।

7. तू है

– नीलम जैन

कानों में मधुर
राग–रागिनी
खिलखिलाती झनक
जीवन सफर की
अंतरंग सहेली
माँ तू है।

आँखों में बसी
रूप–रोशनी
मरहम–सी छुअन
कड़ी धूप में
छाँव शीतल
माँ तू है।

खुशबू–सी पावन
मुस्कराता गगन
साए में दर्द के
हँसने की लगन
सुलझी पहेली
माँ तू है!
एक मीठा स्वाद
सुंदर एहसास
डगमगाते क्षणों में
स्थिर विश्वास
सागर अथाह
माँ तू है!

8. माँ : चार कवियों के दोहे

मैं रोया परदेस में भीगा माँ का प्यार।
दुख ने दुख से बात की, बिन चिट्ठी बिन तार।।

– निदा फ़ाज़ली

●

जननी जातक जगत में लिए हैं नाता श्रेष्ठ।
जब तक माँ तन प्राण है, शिशु का न हो नेष्ट।।

– सतीशचंद्र उपाध्याय

●

माँ तेरे आँचल तले पाया जो विश्राम।
मिला नहीं इस जगत में फिर वैसा आराम।।
सब कुछ तूने ही दिया तन, मन, भाषा, नाम।
मातृशक्ति करता तुझे बारंबार प्रणाम।।

– शास्त्री नित्यगोपाल कटारे

●

काशी-काबा छोड़ दे मत कर चारों धाम।
थाम सके तो बावरे माँ का आँचल थाम।।
गीले में सोती रही सूखे में था लाल।
माता तेरे त्याग की जग में नहीं मिसाल।।
धरती, जननी और गौ-सब माँ के विस्तार।
चुका नहीं सकते कभी हम इनके उपकार।।
माता साथ न छोड़ती महज़ त्यागती देह।
बस जाती घर-वास-सी ज्यों खेतों में मेह।।

– ओम शर्मा

९. तुमको शत-शत वंदन

– जयश्री अंबासकर

प्रेममयी तुम न्यारी-सी तुम
सुखद क्षणों की एक फुहार तुम

ठंड लगे तब गरम धूप तुम
तपती आग में नरम छाँव तुम

डर लगे तब आश्वासक तुम
जब हूँ अकेली मित्र खास तुम

हरेक जीत में उत्सव हो तुम
हर पीड़ा में सांत्वना हो तुम

मेरे तन में, मेरे मन में
सदा बसी तुम, सदा साथ तुम

यदि तुम्हें देखना है भगवान
आ जाओ मेरे घर में तुम

मेरी माँ है मेरा भगवान
मेरी माँ है मेरा जीवन

तुझको पाकर धन्य हो गया
माँ है तुझको शत-शत वंदन।

10. नमन में मन

– पूर्णिमा बर्मन

आज फिर
हरसिंगार झरते हैं
माँ के आशीष रूप धरते हैं

●　　●　　●

पुलक-पुलक
उठता है तन
शाश्वत
यह कैसा बंधन।
नमन में झुकता है मन-
नमन में मन!

थिरकते हैं
सांझ की गहराइयों में
तुम्हारी पायलों के स्वर
नज़र आता है चेहरा
सुकोमल अप्सरा-सा
उठाकर बाँह
उँगलियों से दिखाती राह
सितारों से भरा आँगन
नमन में मन!

लहराता है
सुहानी-सी उषा में
तुम्हारा रेशमी आँचल
हवा के संग
बुन रहा वात्सल्य का कंबल
सुबह की घाटियों में
प्यार का संबल
सुरीली बीन-सा मौसम
नमन में मन!

बसी हो माँ!
समय के हर सफ़र में
सुबह-सी, शाम-सी
दिन में बिखरती रौशनी-सी
दिशाओं में
मधुर मकरंद-सी
दूर हो फिर भी
महक उठता है जीवन
नमन में मन!

11. पिछले साठ बरसों से

– केदारनाथ सिंह

पिछले साठ बरसों से
एक सुई और तागे के बीच
दबी है माँ!
हालांकि वह खुद एक करघा है
जिस पर साठ बरस बुने गए हैं
धीरे-धीरे; तह-पर-तह
खूब मोटे गझिन और खुरदरे
साठ बरस
जब वह बहुत ज्यादा थक जाती है
तो उठा लेती है सुई और तागा
मैंने देखा है कि सब सो जाते हैं
तो सुई चलाने वाले उसके हाथ
देर रात तक समय को धीरे-धीरे
सिलते हैं
जैसे वह मेरा फटा हुआ कुर्ता हो।

12. प्यारी माँ

– अश्विन गांधी

माँ!, प्यारी माँ!!

कोशिश की थी
कविता लिखने की
बरसों पहले
छोटी-सी आयु में

सीख रहा था छंद कोई
पंक्ति बन रही थी
माँ!, प्यारी माँ!!
तेरे ऋण हैं मुझ पर हज़ार

बढ़ न सका आगे
उलझनों में रह गया
बढ़ रहा हूँ आज
माँ!, प्यारी माँ!!

तीरथ करती हो
करते रहना
पुण्य करती हो
करते रहना
छत है तेरे पुण्यों की
करेगी रक्षा हम बच्चों की
माँ!, प्यारी माँ!!

13. बच्ची हो गई अम्मा

– रंजीत भट्टाचार्य

गोरी से पीली
पीली से काली हो गई है अम्मा!
इक दिन मैंने देखा
सचमुच बूढ़ी हो गई है अम्मा
कुछ बादल बेटे ने लूटे
कुछ हरियाली बेटी ने
एक नदी थी
कहाँ खो गई रेती हो गई है अम्मा!

देख लिया है सोना-चांदी
जब से उसके बक्से में
तब से बेटों की नज़रों में
अच्छी हो गई है अम्मा!

कल तक अम्मा-अम्मा कहते
फिरते थे जिसके पीछे
आज उन्हीं बच्चों के आगे
बच्ची हो गई है अम्मा!

घर के हर इक फर्द की आँखों में
दौलत का चश्मा है
सबको दिखता वक्त कीमती
सस्ती हो गई है अम्मा!

बोझ समझते थे सब
भारी लगती थी लेकिन जब से
अपने सर का साया समझा
हल्की हो गई है अम्मा।

14. बारामूला

– सुषम बेदी

बताती फिरती थी मैं सबको
बडे फ़ख्र से
हाँ मेरा घर है
वहाँ बारामूला में
जाना तुम
मेरी माँ के हाथ के सिंके परांठे खाना
कडम का साग
दूधिया दाल
कचनार का सालन
बड़े प्यार से खिलाएगी माँ
और देना उसे मेरा संदेश
कि परदेस में सुख से हूँ
सिर्फ़ याद आती है तुम्हारी
और लेकर आना मेरे लिए
मेरी माँ की मीठी याद
जिसमें घुली है
केसर की क्यारियों की पीली गंध
चांदी-से दमकते झरनों के झकझके श्वेत बुलबुले
अखरोट और चीड़ों की लाख की चूड़ियों जैसी खनखनाहट
मैदानों की दूब पर से हरियाली मुस्कराहट
सूरज की छुवन से झील के कमलों के खुलने की भीगी आहट
पलाश की पंखुरियों की रेशमी गुनगुनाहट
औ' माँ के प्यार से गदगदाती, इठलाती

मेरी पुरानी सखी-सी पहचानी
खुशनुमा बयार, चहकती-महकती हवा
पर यह क्या संदेश लाए हो तुम
कि हवा में बसी है, नरकीली सड़ांध
कि मीठे पानी के नहीं
हिंसा और क्रूरता के चश्मे फूटते हैं वहाँ
कि केसर की क्यारियों में
उगते हैं मांस, मज्जा और रक्तसनी लाशें
कि झील में खिल आए हैं बारुद के फूल
कि अखरोट और चीड़ों से निकलते हैं काले दावानल
और लहूलुहान पड़ी है माँ
अपने ही पूतों के दिए हुए ज़ख्मों से।

बारामूला है जंग का मैदान
कि मेरा घर बना है खाई और खंदक
कि छतों पर पुती है ऐसी स्याही
कि दिन को रात से भी डरावना बनाए हैं

मेरे शयन कक्ष में नमदे नहीं
बिछी हैं गोलियां-बंदूकें
मेरी अलमारी में टंगी हैं छलना और नफरतें
मेरी रसोई में पकते हैं पैंतरे
हिंसा औ' गोलीबारी के।

मेरे आँगन में पड़े हैं
बरगलाए, बेजान युवा शरीर
जो कल तक ढोते थे फूल
खेते थे नीलकमल से लदी नांवें

उगाते थे केसर की फुलवारियां
अब करते हैं आग का व्यापार
और झुलसे हैं अपनी ही आग में
और उनके बीच पड़ी थी
मेरी माँ।

क्या माँ नहीं
खून सने लोथ की गठरी थी बस वहाँ?
यह क्या संदेश लाए हो तुम
मेरा घर?
कभी घर नहीं जा पाऊंगी मैं
कब? क्या? कैसे?
कह पाऊंगी माँ से
कि भली-चंगी यहाँ
भला करूँगी क्या मैं?

15. बेसन की सोंधी रोटी

– निदा फ़ाज़ली

बेसन की सोंधी रोटी पर
खट्टी चटनी जैसी माँ
याद आती है चौका-बासन
चिमटा, फुकनी जैसी माँ।

बान की खुर्रीखाट के ऊपर
हर आहट पर कान धरे
आधी सोयी, आधी जागी
थकी दुपहरी जैसी माँ।

चिड़ियों की चहकार में गूंजे
राधा-मोहन अली-अली
मुर्गे की आवाज़ से खुलती
घर की कुंडी जैसी माँ।

बीवी, बेटी, बहन, पड़ोसन
थोड़ी-थोड़ी-सी सबमें
दिन भर एक रस्सी के ऊपर
चलती नटनी जैसी माँ।

बाँट के अपना चेहरा, माथा;
आँखें जाने कहाँ गई?
फटे-पुराने एक अलबम में
चंचल लड़की जैसी माँ।

16. ममतामयी

–प्रीति हजेला

वत्सला सुदर्शना ममतामयी
नेह निर्मल मेह–सा बरसा गयी!

ममता की गर्माहट से जीवन सेती
अधरों पर मुस्कान रखे संबल देती
ओस कणों–सी निर्मल करुणामयी
वत्सला सुदर्शना ममतामयी!

रातों को जागकर लोरियां सुनाती
लोरियों की दुनिया में सपने सजाती
जीवन की बगिया सरसा गयी
वत्सला सुदर्शना ममतामयी।

चिंता के सायों को आँचल में भरती
हटा दूर सभी कष्ट, जोश नया भरती
मुश्किल में दिखलाती राह नयी
वत्सला सुदर्शना ममतामयी!

17. ममता की सुधियां

–सोहिनी

जब कभी शाम के साये मँडराते हैं
मैं दिवाकरण की आहट को रोक लेती हूँ
और सायास एक बार
उस तुलसी को पूजती हूँ
जिसे रोपा था मैंने
नैनीताल जाने से पहले
जब हम इसी आँगन में लौटे थे
तब मैं उस माँ की याद में रो भी नहीं सकी थी
वह माँ जिसके सुमधुर गान फिर कभी सुन न सकी थी
वह माँ, जो उसी आँगन में बैठकर मुझे अल्पना
उकेरना सिखा न सकी थी
वह माँ, जिसके बनाये व्यंजनों में मेरा भाग केवल
नमकीन था
वह माँ, जिसके वस्त्रों में सहेजा गया ममत्व
मेरी विरासत न बन
एक परम्परा बन गया था
वह माँ, जिसके पुनर्वास के लिए
हमने सहेजे थे कंदील और
हम बैठे थे टिमटिमाते दीपों की छाया में
और बैठे ही रहे थे।

18. ममता की मूरत

– मंगल नसीम

क्या सीरत! क्या सूरत थी
माँ ममता की मूरत थी।
पाँव छुए और काम बने
अम्मा एक महूरत थी।
बस्ती भर के दुख-सुख में
एक अहम ज़रूरत थी।
सच कहते हैं माँ हमको
तेरी बहुत ज़रूरत थी।

19. माँ की याद

– हरिहर झा

माँ के हाथों की बनी जब दाल-रोटी याद आयी
पंचतारा होटलों की शान-शौकत कुछ न भायी
बैरा निगोड़ा पूछ जाता किया जो मैंने कहा
सलाम झुक-झुक करके मन में टिप का लालच रहा
खाक छानी होटलों की चाहिए जो ना मिला
क्रोध में हो स्नेह किसका कल्पना से दिल हिला

प्रेम में नहला गई जब जम के तेरी डांट खाई
माँ के हाथों की बनी जब दाल-रोटी याद आई

तेरी छाया में पला सपने बहुत देखा किए
समृद्धि-सुख की दौड़ में दुख भरे दिन जी लिए
महल रेती के संजोए शान्ति में खोता रहा
नींद मेरी छिन गई बस रात भर रोता रहा

चैन पाया याद करके लोरी जो तूने सुनाई
माँ के हाथों की बनी जब दाल-रोटी याद आई।

लाभ-हानि का गणित ले ज़िन्दगी की राह में
जुट गया मित्रों से मिल प्रतियोगिता की दाह में
भटका बहुत चकाचौंध में खोखला जीवन जिया
अर्थ ही जीने का अर्थ, अनर्थ में डुबो दिया

हर भूल पर ममता भरी तेरी हँसी सुकून लाई
माँ के हाथों की बनी जब दाल-रोटी याद आई।

20. दो छोटी कविताएं

(1) माँ

– क्रान्ति

इसके पहले कि
हम सम्हालते उसे
उसने सम्हाला हमें
भरकर हम चारों को
अपनी ही बाँहों में
कहा उसने– "क्यों रोते हो
मैं जो हूँ अभी!"
और जो माँ अब तक
पृथ्वी थी हमारे लिए
वह बन गयी आकाश भी!

(2) माँ

– डॉ. सरोज कुमार वर्मा

माँ है
तो लोरी है, शगुन है
माँ है तो गीत है, उत्सव है
माँ है तो मन्दिर है, मोक्ष है
माँ है तो मुमकिन है शहंशाह होना
माँ के आँचल से बड़ा
दुनिया में कोई साम्राज्य नहीं।

21. हज़ारों दुखड़े सहती

– मनोज भावुक

(भोजपुरी ग़ज़ल का हिन्दी रूपान्तरण)

हज़ारों दुखड़े सहती है माँ
फिर भी कुछ ना कहती है माँ
हमारा बेटा फले औ' फूले
यही तो मंतर पढ़ती है माँ
हमारे कपड़े, कलम औ' कापी
बड़े जतन से रखती है माँ
बना रहे घर बँटे न आँगन
इसी से सबकी सहती है माँ
रहे सलामत चिराग़ घर का
यही दुआ बस करती है माँ
बढ़े उदासी मन में जब-जब
बहुत याद में रहती है माँ
नज़र का काँटा कहते हैं सब
जिगर का टुकड़ा कहती है माँ
'मनोज' मेरे हृदय में हरदम
ईश्वर जैसी रहती है माँ।

22. माँ

– संतोष कुमार सिंह

चोट लगे तो मेरे तन में
होती है सच पीर बड़ी
पर माँ की आँखों से धारा
बह उठती है बहुत बड़ी

लगता माँ का फूलों-सा मन
अति व्याकुल हो जाता है
इन दुनिया में माँ के मन-सा
कोई जोड़ न पाता है

अगर छुपे हैं माँ के आँचल
स्वर्ग न कुछ भी होता है
माँ की ममता के आगे तो
सारा जग भी छोटा है।

23. कितनी करुणा!

– भानुदत्त त्रिपाठी 'मधुरेश'

कितनी करुणा भरी हुई है माँ के पावन प्यार में
माँ सम अमृतानंद न कोई इस नश्वर संसार में।

अम्मा के अनमोल बोल तो मर्म ब्रह्म का खोलते
माँ की मंगलमय वाणी से स्वयं वेद ही बोलते
झर-झर झरता अमृत लोकहित अम्मा के उच्चार में
माँ सम अमृतानन्द न कोई इस नश्वर संसार में

चाहे कोई भी हो जो भी माँ के सम्मुख हो गया
पाकर प्रेम-लोक अज्ञता-शोक उसी का खो गया
शेष न संशय भवसागर से उस जन के उद्धार में
माँ सम अमृतानन्द न कोई इस नश्वर संसार में

बन जाते हैं सुमन कुमन भी माँ के उर्मिल प्यार से
ताप स्वयं शीतल हो जाते प्रेम भरे उपचार से
अशरण को भी शरण मिली है अम्मा के दरबार में
माँ सम अमृतानन्द न कोई इस नश्वर संसार में

भरा हुआ अम्मा में सागर ज्ञान और विज्ञान का
मिल जाता है मार्ग सभी को सहज आत्म सन्धान का
भाव-सुमन खिलते हैं उनके प्रेमिल पुण्य विचार में
माँ सम अमृतानन्द न कोई इस नश्वर संसार में

अम्मा में हैं तेज राम का और प्रेम घनश्याम का
जो न हुआ घनश्याम-राम का वह जीवन किस काम का।
है 'मधुरेश' प्रवेश सभी का अम्मा के संसार में
माँ सम अमृतानन्द न कोई इस नश्वर संसार में।

24. माँ: एक याद

– संध्या

माँ
याद तो आता नहीं
तुम्हारा
गोदी में वो मुझे झुलाना
दूध का अमृतरस चखाना
झुनझने से मेरा दिल बहलाना
लोरी का वो गुनगुनाना
माथे को प्यार से चूमना
गुदगुदी से हँस-हँस हँसाना
उंगली पकड़ चलना सिखाना

पर
याद है, माँ मुझे
हाथ में उंगली थामे लिखवाना
खून-पसीने से मेरे जीवन को सींचना
मुश्किलों में हौंसले का बँधाना
प्यार में आँसुओं का छलकना
गम में रोऊँ तो सहलाना
अनचाहे तूफानों को रोकना
अँधेरे में रोशनी का दिखलाना
पास ना रहूँ, तो याद में रोना

और फिर वो पल
जब
माँ–बेटी का रिश्ता बना दोस्ताना
माँ के इस प्यार की बेल का
चढ़ते ही जाना
इंद्रधनुषी रंग में जीवन को रंग देना
तुम्हारी हँसी में दुनिया पा जाना

जीवन की है यह ज्योति
जलती रहे निरंतर
आशीष रहे सदा माँ का
असीम है माँ का प्यार!

25. माँ और भगवान

– जगदीश प्रसाद सारस्वत 'विकल'

मैं अपने छोटे मुख कैसे करूँ तेरा गुणगान
माँ तेरी समता में फीका-सा लगता भगवान

माता कौसल्या के घर में जन्म राम ने पाया
ठुमक-ठुमक आँगन में चलकर सबका हृदय जुड़ाया
पुत्र-प्रेम में थे निमग्न कौसल्या माँ के प्राण
माँ तेरी समता में फीका-सा लगता भगवान

दे मातृत्व देवकी को यसुदा की गोद सुहाई
ले लकुटी वन-वन भटके गोचारण कियो कन्हाई
सारे ब्रजमंडल में गूँजी थी वंशी की तान
माँ तेरी समता में फीका-सा लगता भगवान

तेरी समता में तू ही है, मिले न उपमा कोई
तू न कभी निज सुत से रूठी मृदुता अमित समोई
लाड़-प्यार से सदा सिखाया तूने सच्चा ज्ञान
माँ तेरी समता में फीका-सा लगता भगवान

कभी न विचलित हुई रही सेवा में भूखी-प्यासी
समझ पुत्र को रुग्ण मनौती मानी रही उपासी
प्रेमामृत नित पिला-पिलाकर किया सतत कल्याण
माँ तेरी समता में फीका-सा लगता भगवान

‘विकल’ न होने दिया पुत्र को कभी न हिम्मत हारी
सदय अदालत है सुत-हित में सुख-दुख में महतारी
काँटों पर चलकर भी तूने दिया अभय का दान
माँ तेरी समता में फीका-सा लगात भगवान।

26. माँ: कबीर की साखी

– डॉ. जगदीश व्योम

माँ कबीर की साखी जैसी
तुलसी की चौपाई-सी
माँ मीरा की पदावली-सी
माँ है ललित रुबाई-सी

माँ वेदों की मूल चेतना
माँ गीता की वाणी-सी
माँ त्रिपिटक के सिद्ध सूक्त-सी
लोकोत्तर कल्याणी-सी

माँ द्वारे की तुलसी जैसी
माँ बरगद की छाया-सी
माँ कविता की सहज वेदना
महाकाव्य की काया-सी

माँ अषाढ़ की पहली वर्षा
सावन की पुरवाई-सी
माँ वसंत की सुरभि सरीखी
बगिया की अमराई-सी

माँ यमुना की श्याम लहर-सी
रेवा की गहराई-सी
माँ गंगा की निर्मल धारा
गोमुख की ऊँचाई-सी

माँ ममता का मानसरोवर
हिमगिरि-सा विश्वास है
माँ श्रद्धा की आदिशक्ति-सी
काबा है, कैलाश है

माँ धरती की हरी दूब-सी
माँ केसर की क्यारी है
पूरी सृष्टि निछावर जिस पर
माँ की छवि ही न्यारी है

माँ धरती के धैर्य सरीखी
माँ ममता की खान है
माँ की उपमा केवल माँ है
माँ सचमुच भगवान है।

27. माँ की ममता

– ब्रजेश कुमार शुक्ला

जन्मदात्री
माँ की पवित्र मूर्ति
रक्त कणों से अभिसिंचित कर
नव पुष्प खिलाती

स्नेह–निर्झर झरता
माँ की मृदु लोरी से
हर पल अंक से चिपटाए
ऊर्जा भरती प्राणों में
विकसित होती पंखुड़ियाँ
ममता की छाँवों में

सब कुछ न्यौछावर
उस ममता की बेदी पर
जिसके आँचल के साये में
हर सुख का सागर।

28. माँ की याद

– मंजुरानी सिंह

जाड़े की जब धूप सुनहरी
अंगना में छा जाती है
बगिया की माटी में तुलसी
जब औचक उग आती है
माँ की याद दिलाती है

हो अजान या गूँज शंख की
जब मुझसे टकराती है
पाँव तले पड़ी पुस्तक की
चीख हृदय में आती है
माँ की याद दिलाती है

कटे पेड़ पर भी हरियाली
जब उगने को आती है
कटी डाल भी जब कातिल का
चूल्हा रोज़ जलाती है
माँ की याद दिलाती है

अदहन रखती कोई औरत
नन्हों से घिर जाती है
अपनी थाली देकर जब भी
उनकी भूख मिटाती है
माँ की याद दिलाती है

सुख में चाहे याद न हो, पर
चोट कोई जब आती है
सूरज के जाते ही कोई
दीपशिखा जल जाती है
माँ की याद दिलाती है।

29. माँ की याद

– सर्वेश्वरदयाल सक्सेना

चीटियां अंडे उठाकर जा रही हैं
और चिडियां नीड़ को चारा दबाए
थान पर बछड़ा रंभाने लग गया है
टकटकी सूने विजन-पथ पर लगाए

थाम आँचल थका बालक रो उठा है
है खड़ी माँ शीश का गट्ठर गिराए
बाँह दो चुमकारती-सी बढ़ रही है
साँझ से कह दो बुझे दीपक जलाए

शोर डैनों में छिपाने के लिए अब
शोर माँ की गोद जाने के लिए अब
शोर घर-घर नींद रानी के लिए अब
शोर परियों की कहानी के लिए अब

एक मैं ही हूँ कि मेरी साँझ चुप है
एक मेरे दीप में ही बल नहीं है
एक मेरी खाट का विस्तार नभ-सा
क्योंकि मेरे शीश पर आँचल नहीं है।

30. माँ के नाम

– सरदार कल्याण सिंह

बचपन में अच्छी लगे यौवन में नादान।
आती याद उम्र ढले क्या थी माँ 'कल्यान'।।1।।

करना माँ को खुश अगर कहते लोग तमाम।
रौशन अपने काम से करो पिता का नाम।।2।।

विद्या पाई आपने बने महाविद्वान।
माता पहली गुरू है सबकी ही 'कल्यान'।।3।।

कैसे बचपन कट गया बिन चिंता 'कल्यान'।
पर्दे पीछे माँ रही बन मेरा भगवान ।।4।।

माता देती सपन है बच्चों को 'कल्यान'।
उनको करता पूर्ण जो बनता वही महान।।5।।

बच्चे से पूछो जरा सबसे अच्छा कौन?
उंगली उठे उधर जिधर माँ बैठी हो मौन।।6।।

माँ कर देती माफ़ है कितने करो गुनाह।
अपने बच्चों के लिए उसका प्रेम अथाह।।7।।

31. माँ के लिए

– अर्चना हरित

साल के बाद
आया है यह दिन
करने लगे हैं सब याद
पल-छिन
तुम ना भूली एक भी चोट या खुशी
ना तुमने भुलाया
मेरा कोई जन्मदिन
और मैं
जो तुम्हारी परछाई हूँ
वक्त की चाल
रोज़गार की ढ़ाल
सब बना लिए मैंने औजार
पर माँ!
नासमझ जानकर माफ़ करना
करती हूँ तुमको प्यार
मैं हर पल
खामोशी तन्हाई में
अर्पण किए
मैंने अपनी श्रद्धा के फूल तुमको
जानती हूँ
मिले हैं वो तुमको
क्योंकि
देखी हैं मैंने तुम्हारी निगाहें

प्यार–गौरव से भरी मुझ पर
जब भी मैं तुम्हारे बताए
उसूलों पर चलती हूँ चुपचाप
माँ!
मुझमें इतनी शक्ति भर देना
गौरव से सर उठा रहे तुम्हारा
कर जाऊँ ऐसा कुछ जीवन में
बन जाऊँ
हर माँ की आँख का सितारा
आज 'मदर्स डे' के दिन
'अर्चना' कर रही हूँ मैं तुम्हारी
श्रद्धा, गौरव और विश्वास के चंद फूल लिए।

32. माँ तुम्हारी याद

– विष्णु विराट

देह में जमने लगी
बहती नदी है
साँस लेने में लगी पूरी सदी है
चेतना पर धुंध छाई है
माँ तुम्हारी याद आई है।

हम गगन में हैं
न धरती पर
बस हवाओं में हवाएं हैं
धूप की कुछ गुनगुनी किरनें
ये तुम्हारी ही दुआएँ हैं
कान जैसे सूर के पद सुन रहे हैं
किंतु मन के तार सब अवगुन रहे हैं
गोद में सिर रख ज़रा सो लूँ
फिर जनम भर रतजगाई है
जंगलों से वह बचा लाई
एक वासंती अभय देकर
लोरियां हमको सुनाती है
फिर वही रंगीन लय लेकर
प्यार से सिर पर रखा आँचल तुम्हारा
मैं तभी से युद्ध कोई भी न हारा
झूठ ने ऐसी जलाई आँच
सच ने गर्दन झुकाई है
माँ तुम्हारी याद आई है

देख तुलसी में नई कोंपल
बोझ अब उतरा मेरे सिर से
झर रहे हैं फूल हरसिंगार
मन हरा होने लगा फिर से
द्वार पर शहनाइयाँ
बजने लगी हैं
छोरियां मेहंदी रचा सजने लगी हैं
आज बिटिया की सगाई है
माँ तुम्हारी याद आई है।

33. माँः दो क्षणिकाएं

– शैल अग्रवाल

(1)
रोज दिन के बस्ते में
माँ एक नया सूरज रखती है
रोज ही रात हो जाती है
ना बेटा ही उठकर पढ़ता है
ना माँ आदत बदल पाती है

(2)
माँ और बेटी डरी बैठीं
पीढ़ी-दर-पीढ़ी
यहाँ मत जा, वहाँ मत बैठ
कहेंगे क्या चार लोग?
चार लोग जो कभी आते नहीं
चार लोग जो गुम हैं
अपनी ही दुनिया में।

34. माँ हमारी सदानीरा

– कुमार रवींद्र

माँ हमारी सदानीरा नदी जैसी
महक है वह
फूल वन की
सघन मीठी छाँव जैसी
घने कोहरे में
सुनहरी रोशनी के
ठाँव जैसी
नेह का अमरित पिलाती
माँ हमारी है गंभीरा नदी जैसी

सुबह मिलती
धूप बनकर
शाम कोमल छाँव होकर
रात भर
रहती अकेली
वह अंधेरों के तटों पर
और रहती सदा हँसती
माँ हमारी महाधीरा नदी जैसी

एक मंदिर
ढाई आखर का
उसी की आरती वह
रोज नहला!
नेहजल से
हम सभी को तारती वह
हर तरफ विस्तार उसका
माँ हमारी सिंधुतीरा नदी जैसी।

35. माँ कुछ दिन!

– आर० सी० शर्मा 'आरसी'

माँ! कुछ दिन तू और न जाती
मैं ही नहीं बहू भी कहती
कहते सारे पोते–नाती
माँ! कुछ दिन तू और न जाती

रोज सवेरे मुझे जगाना
बैठ पलंग पर भजन सुनाना
राम–कृष्ण के अनुपम किस्से
तेरी दिनचर्या के हिस्से
पूजा के तू कमल बनाती
माँ! कुछ दिन तू और न जाती

हरिद्वार तुझको ले जाता
गंगाजी में स्नान कराता
माँ कैला की जोत कराता
धीरे–धीरे पाँव दबाता
तू जब भी थककर सो जाती
माँ! कुछ दिन तू और न जाती

कमरे का वो सूना कोना
चलना–फिरना; खाना–सोना
रोज सुबह ठाकुर नहलाना
बच्चों का तुझको टहलाना
जिसको तू देती थी रोटी

गैया आकर रोज रंभाती
माँ! कुछ दिन तू और न जाती

सुबह देर तक सोता रहता
घुटता मन में; रोता रहता
बच्चे तेरी बातें करते
तब आँखों से आँसू झरते
माँ अब तू क्यों न सहलाती
माँ! कुछ दिन तू और न जाती

अब जब से तू चली गई है
मुरझा मन की कली गई है
थी ममत्व की सुंदर मूरत
तेरी वो भोली-सी सूरत
दृढ़ निश्चय औ' वज्र इरादे
मन गुलाब की कोमल पाती
माँ! कुछ दिन तू और न जाती।

36. मेरा आदर्श

– अभिनव शुक्ल

वह अटल है, वह सकल है,
वह अजर है, वह अमर है,
वह अगन है, वह तपन है,
वह लगन है, वह भजन है।

इन चक्षुओं का मीत है
वह आत्मा का गीत है
वह हर पवन का राग है
वह त्याग है, वह भाग है।

वह प्रेम है, वह धर्म है,
वह तत्त्व है, वह मर्म है,
वह जलज है, है जल वही,
वह रोशनी, दीपक वही।

गिरजे की वह है घंटियाँ,
मंदिर की है मूरत वही।
सागर की है वह सीपियाँ,
इस हृदय में सूरत वही।

वह जो कहे, तो चीर डालूं,
धरा को और जल बनूँ।
वह जो कहे तो छोड़ दूँ,
संसार को, मधुकण बनूं।

वह मेरी पूजा, मैं पुजारी,
वह मेरी भिक्षा, मैं भिखारी,
वह रूप है, वह धूप है
वह बोल है, वह चूप है।

वह आस है, विश्वास है,
वह दर्द है, परिहास है,
वह ये गगन, वह चंद्रमा,
वह ये ज़मीं, वह ज्योत्सना।

वह इस बदन की जान है,
माता मेरी पहचान है,
आदर्श मेरा है, मेरी माँ,
ही मेरी भगवान है।

37. याद तुम्हारी आई

– भगवतशरण श्रीवास्तव 'शरण'

हाँ माँ याद तुम्हारी आई, कंठ रुँधा आँखें भर आई
फिर स्मृति के घेरों में तुम मुझे बुलाने आई
मैं अबोध बालक-सा सिसका सुधि-बदरी बरसाई
बालपन की कथा-कहानी पुनः स्मरण आई

त्याग-तपस्या-तिरस्कार सब सहन किया माँ तुमने
कर्म-पथिक बनकर माँ तुमने अपनी लाज निभाई
तुमसे ही तो मिला है जो कुछ उसको बाँट रहा हूँ
तुम उदार मन की माता थी तुमसे जीवन-निधि पाई

नहीं सिखाया कभी किसी को दुख पहुँचाना
नहीं सिखाया लोभ कि जिसका अंत बड़ा दुखदाई
स्वच्छ-सरल जीवन की माँ तुमसे ही मिली है शिक्षा
नहीं चाहिए जग के कंचन औ' झूठी प्रभुताई

मुझे तेरा आशीष चाहिए और नहीं कुछ माँगूं
सदा दुखी मन को बहलाकर हर लूँ पीर पराई
यदि मैं ऐसा कर पाऊँ तो जीवन सफल बनाऊँ
तेरे चरणों में नत हो माँ तेरी महिमा गाई।

38. वो हाथ!
(अम्मा के नाम)

– **डॉ. अब्दुल्लाह**

मेरे बचपन में सर पे मेरे
एक मोहब्बत भरा हाथ था
मिसल साये के कड़ी धूप में
और अंधेरों में जो हाथ थामे मेरा
हर घड़ी साथ था
भाग जाए मेरी नींद जब ख़ौफ़ से
अपने कमरे में तन्हा मुझे डर लगे
एक आवाज़ जिस पे यकीं था मुझे
मुझसे चुपके से कहती थी
डरना नहीं
देखो मैं पास हूँ
ऐसा लहज़ा
लोरी की मानिंद आँखों में घुल जाता था
और बुद्ध को निर्वाण मिल जाता था
आज जब मैं परेशान हूँ
कितनी रातों का जागा हुआ
मेरी आँखें भी पथराई हैं
जिस्म भी दर्द से चूर है
ज़हन सोचों से माज़ूर है
दिल ज़्यादा ही रंजूर है
और वो हाथ मुझसे बहुत दूर है
मुंतज़िर हूँ कि माथे पे मेरे कोई
इक हथेली धरे

और धीमे में से लहजे में मुझसे कहे
ऐसे घबराओ मत
देखो मैं साथ हूँ
गोकि अब ऐसी बातों पे शायद मैं
यक़ीन ना करूँ
पर बहल जाऊँगा
और सो जाऊँगा।

39. वो है मेरी माँ!

– देवी नागरानी

मेरे सर्वस्व की पहचान
अपने आँचल की देख छाँव
ममता की वो लोरी गाती
मेरे सपनों को सहलाती
गाती रहती, मुस्कराती जो
वो है मेरी माँ।

प्यार समेटे सीने में जो
सागर सारा अश्कों में जो
हर आहट पर मुड़ आती जो
वो है मेरी माँ।

दुख मेरे को समेट जाती
सुख की खुशबू बिखेर जाती
ममता का रस बरसाती जो
वो है मेरी माँ!

40. स्नेहपूर्ण स्पर्श

– शीला मिश्रा

माँ तुम्हारा स्नेहपूर्ण स्पर्श
अब भी सहलाता है मेरे माथे को
तुम्हारी करुणा से भरी आँखें
अब भी झुकती हैं मेरे चेहरे पर
जीवन की खूँटी पर
उदासी का थैला टाँगते
अब भी कानों में पड़ता है
तुम्हारा स्वर
कितना थक गई हो बेटी
और तुम्हारे निर्बल हाथों को मैं
महसूस करती हूँ अपनी पीठ पर
माँ!
क्या तुम अब सचमुच नहीं हो
नहीं
मेरी आस्था, मेरा विश्वास, मेरी आशा
सब यह कहते हैं कि माँ तुम हो
मेरी आँखों के दिपते उजास में
मेरे कंठ के माधुर्य में
चूल्हे की गुनगुनी भोर में
दरवाज़े की साँकल में
मीरा और सूर के पदों में
मानस की चौपाई में
माँ!
मेरे चारों ओर घूमती यह धरती
तुम्हारा ही तो विस्तार है।

41. माँ

– डॉ. शैलजा

टेलिफोन के इस तरफ मैं हूँ
मेरी दुनिया है; मेरा वर्तमान है
टेलिफ़ोन के उस तरफ तुम हो
मेरा बचपन है; मेरा अतीत है
बीच में हजारों मील धरती हज़ारों फीट का आसमान
हज़ारों गैलन पानी के अनेक समुद्र।

तुम देख नहीं सकतीं
मुझे
मेरे घर को
मेरे परिवेश को

मैं क्या पहनती हूँ
क्या खाती हूँ
कैसे रहती हूँ.........

पूछती हो फोन पर
हड़बड़ाई-सी.........
मिनट भर में
महीनों की चिंता भर देने की
कोशिश करती हो......
"कैसी है तू........?"
तुम्हारा स्वर
हो जाता है पनीला ममता से

मैं प्रश्न को छूती हूँ उथला ही
सरसराया-सा जवाब देती हूँ-
"अच्छी हूँ और तुम?"

तुम अपना आँचल समेट
छिपाती हो स्वयं को.....
''ठीक हूँ''
हम दोनों सच और झूठ के बीच
रखते हैं पाँव फूँक-फूँककर
पता न चले एक-दूसरे को
पाँव में छाले कितने हैं?

सच हमेशा रहा है धारदार
धार को ढका भी रहने दें तो अच्छा।
बिना कहे तुम सुनती हो मेरा सच
बिना कहे मैं जानती हूँ तुम्हारा मन.......
ज़िंदगी बदल जाने की कहानी
तुमने भी जी थी कभी
अब मेरी बारी है
जानती हूँ

कहो तो।
हर बात में सीख देती तुम्हारी निगाहें
हर बात को सुधारती तुम्हारी अँगुलियां
रह लेती हैं कैसे मुझसे दूर.........??
अनुभवी हो तुम
नियति को स्वीकार
झुका लिया मस्तक तुमने........

पर मैं
हर काम पर अटकती हूँ
खोजती हूँ तुम्हारी जाँचती निगाहों को
न पाकर उन्हें खुद खो जाती हूँ

कहाँ से लाऊँ 'सही' करवाने को तुम्हारी
आवाज़
अब तक थी जो मेरे साथ

कल तुम्हारे टोकने पर अटकती थी मैं
क्रोध से, दुःख से देखती थी तुझको
आज तुम्हारे टोकने को तरसती हूँ मैं
विवश-सी, खोयी-सी ढूँढती हूँ तुझको
तसल्ली बस यही है
टेलिफ़ोन के उस पार तुम हो
मेरा बचपन है........।
मैं जानती हूँ।

42. माँ

– दीपा जोशी

जीवन-वन में स्वच्छंद सुमन-सी
अंबर चुंबी हिमश्रृंगों-सी
विधु की प्राणमयी धारा-सी
माँ, गंगा की निर्मल धारा-सी

स्नेहमयी धन अंबर जैसी
ममतामयी शीतल समीर-सी
विशाल हृदयी अथाह सागर सी
माँ की छवि परम पावन-सी

भोर की प्रथम उज्जवल किरण-सी
सघन धूप में छांव-सी
गोधूली में दीपक जैसी
माँ निशापथ में तारक-सी

भाषा में स्वर-व्यंजन जैसी
गीतों में सुर-ताल-सी
वीणा के मधुर स्वरों-सी
माँ, मुरली की तान-सी

वेदों के ज्ञान जैसी
गीता के सार- सी
गुरमुख की वाणी जैसी
माँ, काबा-काशी-सी

चिरसखी राधा जैसी
पथदृष्टा सुदर्शन-सी
देवसृष्टि की प्रतिकृति-सी
माँ; महातरु छाया-सी

बुद्ध की परिभाषा जैसी
जीवन का विश्वास-सी
धरा के धैर्य का प्रतिरूप-सी
माँ सर्वज्ञ ज्ञाता-सी
हृदय में स्पंदन जैसी
श्वास-निश्वास की बंधन
रोम-रोम में रुधिर सरीखी
माँ परम कल्याणी-सी
देवालय की अनुपम मूरत-सी
गिरजाघर की सुखद शांति-सी
पारस-सी शक्तिधारिणी
माँ तुम ही परमेश्वर हो
माँ तुम ही परमेश्वर हो।

43. भ्रूण हत्या

– सौरभ जैन 'सुमन'

माँ की गाथा लिखते-लिखते कागज कम पड़ जाते है
गाऊँ कैसे शब्द-समूह के सागर कम पड़ जाते है
माँ के आँचल में लिपटी हैं सांसें मेरे जीवन की
श्वेत रक्त से सींची जिसने मांटी मेरे बचपन की

माँ ना होती तो ना होते राम तुम्हारे मंदिर में
शंख आरती पूजा के सामान तुम्हारे मंदिर में
सबसे ऊँचा सबसे गौरवशाली ये सम्मान है
इस पावन धरती को भी माँ बनने का गुमान है

किंतु कैसी ठोकर कैसी ठेस लगी इस मान को
खुद ही खंडित कर डाला क्यों माँ ने इस सम्मान को
जिस नारी के जीवन का कोई मोल नहीं ममता के बिना
कैसे बन गई माता से वो अपने शिशु की हत्यारिन

भूल गई कि वो शायद गाथा अंजनी के बलिदान की
देखो कितनी पीड़ा थी उस नारी को अपमान की
किंतु फिर भी उस देवी ने हनन कोख का नहीं किया
वन-वन भटकी माता फिर भी हनुमान को जनम दिया
घटना ऐसी घटना थी
प्रभु राम की पत्नी थी
अपने को पल अंगों पर जो कांटे बनकर झेल गई
नारी के सम्मान की खातिर अंगारों पर खेल गई
उस पावन देवी पर भी जब जग ने अंगुली तानी थी

छोड़ दिए महल-चौबारे ऐसी स्वाभिमानी थी
कितनी विकट दशाओं में भी माँ बनकर स्वीकार किया
जग में राम का नाम किए यों सीता ने अधिकार दिया
माँ सीता को जान लो
कुंती को पहचान लो
खुद को इन्सां मान लो
अपने हाथों से ना माँ अपने बच्चों की जान लो
खून में डूबे आँसू का हर कतरा-कतरा पूछेगा
नन्हे-नन्हे अंगों वाला हर लाश का टुकड़ा पूछेगा।
मानवता की दोषी तुमको हर जवाब देना होगा
बिन अपराध कत्ल करने का हर हिसाब देना होगा
खून किया है तुमने एक फरिश्ते का
खून किया है माँ-बेटे के रिश्ते का
खून किया है नारी के सम्मान का
खून किया है मेरे हिंदुस्तान का

खूनी हो तुम तुलसी सूर कबीर की
खूनी हो तुम राम-कृष्ण-महावीर की
खून से भीगा आँचल साफ नहीं होगा
तीनों लोकों में भी माफ नहीं होगा।

44. माँ क्या है?

– उमेश कुमार गुप्ता

माँ,
क्या है
कोई बता सका है?
क्या
उसको कोई
शब्दों में ढाल सका है?
माँ,
माँ की तुलना
किससे करें?
क्या
कोई भगवान
उससे बड़ा है?
माँ,
दुखहंता
पीड़ाहारी
कष्टनिवारक
संकटमोचन है।
माँ,
जननी
जन्मदात्री
अम्बा
अम्बिका है।

माँ
जीवन
जीवन–पथ
जीवन–दिशा
जीवन–संदेश है।

45. अम्मा

– राजेश 'चेतन'

पाने को तू सब–कुछ था
औ' परदेशी घर तो आ
डालर बेशक कुछ भी है
अम्मा आखिर है अम्मा
पिज्जा–बर्गर में खोया
अपने घर की रोटी खा
पनघट तुझको खोज रहा
आकर अपनी प्यास बुझा
गाँव की मिट्टी लाया हूँ
अपने संग में लेता जा।

46. माँ

– कृष्ण कुमार यादव

मेरा प्यारा-सा बच्चा!
गोद में भर लेती है बच्चे को
चेहरे पर नज़र न लगे
माथे पर काजल का टीका लगाती है
कोई बुरी आत्मा न छू सके
बाँहों में ताबीज बाँध देती है।

बच्चा स्कूल जाने लगा है
सुबह से ही माँ जुट जाती है
चौके-बर्तन में
कहीं बेटा भूखा न चला जाये।

लड़कर आता है पड़ौसियों के बच्चों से
माँ के आँचल में छुप जाता है
अब उसे कुछ नहीं हो सकता।

बच्चा बड़ा होता जाता है
माँ मन्नतें माँगती है
देवी-देवताओं से
बेटे के सुनहरे भविष्य की खातिर
बेटा कामयाबी पाता है
माँ भर लेती है उसे बाँहों में
अब बेटा नज़रों से दूर हो जायेगा।

और एक दिन आता है
शहनाइयाँ गूँज उठती हैं
माँ के क़दम आज जमीं पर नहीं

कभी इधर दौड़ती है, कभी उधर
बहू के कदमों का इंतज़ार है उसे
आशीर्वाद देती है दोनों को
एक नई ज़िंदगी की शुरूआत के लिए

माँ सिखाती है बहू को
परिवार की परंपराएं व संस्कार
बेटे का हाथ बहू के हाथों में रख
बोलती है
बहुत नाज़ों से पाला है इसे
अब तुम्हें ही देखना है।

माँ की खुशी भरी आँखों से
आँसू की एक गरम बूँद
गिरती है बहू की हथेली पर।

47. माँ

–शबनम शर्मा

बरसों पहले, एक ही बात
लड़का नहीं बेचूंगी
दहेज नहीं लूंगी
बहू नहीं बेटी लाऊंगी
वही किया
पर खरी नहीं उतरी
इस कसौटी पर; क्योंकि
सब कुछ देने के बाद भी
हिम्मत नहीं थी बहू से
कुछ भी कहने की बेटी की तरह
जवाब भी नहीं मिलता था सही
वो हर बात पर चने के झाड़ पर
चढ़ा देती
एक दिन कह ही बैठी–
"किंतु बहू नहीं मेरी बेटी है"
बरसों की मुराद
तपाक से जवाब मिला–
"ये आपका स्वप्न था मेरा नहीं
माँ, माँ होती है; सास, सास!"
मैं बिखर गई कितनी किरचों में
कि मुझे अपना चेहरा ही
नज़र नहीं आया।

48. माँ की कुछ छोटी कविताएँ

– रचना श्रीवास्तव

(1)
कब मुझको है
ज़रूरत पैसे की
वो जानती थी
चुपचाप 2 रुपये मेरे हाथ में धर देती थी
आज मुझको समझ आया
10 की सब्जी 8 में कराने को
वो सब्जी वाले से
क्यों झिकझिक करती थी।

(2)
ज्यादा बिजली का बिल आएगा
पिता दुहाई देते रहते
फिर भी कमरे में मेरे
अँधेरा किया नहीं उसने
क्योंकि उसको पता था
अँधेरों से डरती हूँ मैं।

(3)
माँ तीज-त्यौहार मौसम की
बातें करती है
व्रत, उपवास, पूर्णिमा कब है
बताती है
पिता; बेकार बात करती हो, कहते हैं
पर उनको पता नहीं
कि माँ मेरे चारों ओर
संस्कार फैला रही होती है।

(4)
गाँव-मोहल्ले
रिश्ते-नातेदारों को
हाल विस्तार से बताती है
खुद का पूछो तो
''ठीक हूँ'' कह
चुप हो जाती है।
थोड़ी देर में पुनः
सबका हाल बताने लगती है
माँ ने अपने लिए
'ठीक हूँ' शब्द खरीद लिया है।
(5)
सबकी सुनती है
चुप रहती है
तभी शायद
अकेले में बड़बड़ाती है माँ!

49. माँ की मोहब्बत

– इमरान 'प्रतापगढ़ी'

शेर

तेरी हर बात चलकर यूं भी मेरे जी से आती है,
कि जैसे याद की खुशबू किसी हिचकी से आती है,
मुझे आती है तेरे बदन से ऐ माँ वही खुशबू,
जो एक पूजा के दीपक में पिघलते घी से आती है।

गीत

खुदा मुझसे माँ की मोहब्बत न छीने
अगर छीनना है जहाँ छीन ले वो
ज़मीं छीन ले आसमाँ छीन ले वो
मेरे सर की बस एक ये छत न छीने
खुदा मुझसे माँ की मोहब्बत न छीने

अगर माँ न होती ज़मीं पर न आता
जो आँचल न होता कहाँ सर छुपाता
'मेरा लाल' कहकर बुलाती है मुझको
कि खुद भूखी रहकर खिलाती है मुझको
कि होठों की मेरी हँसी छीन ले वो
कि गम दे दे हर एक खुशी छीन ले वो
यही एक बस मुझसे दौलत न छीने
खुदा मुझसे माँ की मोहब्बत न छीने

मुझे पाला- पोसा बड़ा कर दिया है,
कि पैरों पे अपने खड़ा कर दिया है
कभी जब अंधेरों ने मुझको सताया
तो माँ की दुआ ने ही रस्ता दिखाया

ये दामन मेरा चाहे नम कर दे जितना
वो बस आज मुझ पर करम कर दे इतना
जो मुझपे किया है इनायत न छीने
खुदा मुझसे माँ की मोहब्बत न छीने

अगर माँ का सर पर नहीं हाथ होगा
तो फिर कौन है जो मेरे साथ होगा
कहाँ मुँह छिपाकर के रोया करूँगा
तो फिर किसकी गोदी में सोया करूँगा
मेरे सामने माँ की जाँ छीनकर के
मेरी खुशनुमा दास्तां छीनकर के
मेरा जोश और मेरी हिम्मत न छीने
खुदा मुझसे माँ की मोहब्बत न छीने।

50. माँ के खत

– रंजना (रंजू) भाटिया

माँ
दीवाली के रोशन दीयों की तरह
मैंने तुम्हारी हर याद को
अपने हृदय के हर कोने में
संजो रखा है

आज भी सुरक्षित है
मेरे पास तुम्हारा लिखा
वह हर लफ़्ज
जो खतों के रूप में
कभी तुमने मुझे भेजा था

आशीर्वाद के
यह अनमोल मोती
आज भी मेरे जीवन के
दुर्गम पथ को
राह दिखाते हैं
आज भी रोशनी से यह
जगमगाते आखर और
नसीहत देती
तुम्हारी वह उक्तियां
मेरे पथ-प्रदर्शक बन जाते हैं
और तुम्हारे साथ-साथ
चलने का
एक मीठा-सा एहसास
मुझमें भर देते हैं।

51. माँ छुपा लो ना मुझे अपने आँचल में कहीं

– मेघा भाटिया

समझ सकती हूँ मैं माँ....
वो दिन कितना खास होगा
जब कुछ लम्हों के इंतज़ार के बाद एक कली की तरह
मैं तुम्हारे दोनों हाथों में पूरी तरह सिमट गई होऊंगी
देखकर मेरी नन्हीं-नन्हीं आँखें रोशनी की तरह
तुम्हारी आँखों में भी चमक भर गई होगी
फिर अपनी चमकती आँखों में खवाब लेकर
प्यार से तुमने मेरे माथे को चूमा होगा
तब तुम्हें खुद पे ही बहुत गुरूर हुआ होगा
जब मैंने तुम्हें पहली बार 'माँ' कहा होगा

नये ख्वाबों की नयी मंज़िल सामने देख
तुमने हाथ पकड़कर मुझे चलना सिखाया होगा
मुझे बार-बार गिरते देख
तुम्हारा दिल भी डर से कंपकंपाया होगा
और अपने प्यार भरे आँचल में छिपाकर
कई ज़ख्मों से मुझे बचाया होगा।

फिर धीरे-धीरे चढ़ी मैंने अपनी मंज़िलों की सीढ़ियाँ
और दुनिया की भीड़ में तेरा हाथ मुझसे कहीं छूट गया
तूने फिर भी थामकर संभालना सिखाया मुझे
अपनी सीखों से दुनियादारी की अच्छी-बुरी बातें बताई मुझे

पर मैंने हमेशा ही अपनी ज़िद से ठुकराया उसे
समझ सकती हूँ आज मैं दिल से कि
मेरी ज़िद के आगे तुमने अपने दिल पे पत्थर रखा होगा।

पर आज मुझे यक़ीन हो चला है कि माँ तुम सही थीं
और अब मैं एक बार फिर
वापस तुम्हारे दोनों हाथों में सिमटना चाहती हूँ
तुम्हारे प्यारे आँचल में फिर छिपना चाहती हूँ
तुम्हारे हाथों के सहारे एक बार फिर से अपने
डगमगाते हुए कदमों को सँभालना चाहती हूँ
माँ छुपा लो ना मुझे अपने आँचल में कहीं!

52. ममता की उधेड़बुन

– बेजी

(1)

हाथ सिलाई की मशीन देख
आज फिर बचपन की याद आ गई
टुक-टिक; टुक-टिक की धुन
फिर आ कानों में छा गई

कितने रंगों में सजाया करती थी
कितने सपनों में सिला करती थी
कभी रात भर जगकर तुरपाई
फिर कुरसी पर लगी आँख.... सोई चारपाई

तेरे सपनों में अच्छी दिखती थी
काला टीका लगाकर चलती थी
तू कल के माप के सपने बुनती थी
मैं उन्हें पहनकर हँसती थी

फिर एक दिन ना जाने क्या हुआ था
समय ने कुछ इस तरह छुआ था
तूने चलना सिखाया मैं उड़ने लगी थी
तेरे रंगों से कतराने लगी थी

उस दिन तू अपना सपना लेकर
रोई थी कोने में सिसककर
उस दिन एक लंबी चिट्ठी लिखी थी

तूने सोचा मैं सोई
मैं सोई नहीं थी

रंग मेरा बहुत सुंदर नहीं था
पल्लू पकड़कर तुझसे कहा था
मुझे भी सिखाओ सपनों को बुनना
तेरे सपने अब नहीं हैं पहनना

रात भर जगकर जो सपना बुना था
मशीन बंद कर उस पर रखा था
''बड़ी तू हो गई
जा खुद ही सिलना''
तूने सोचा मैं गई
मैं वहीं खड़ी थी

किताबों को पढ़कर चली कुछ बनाने
सखी ने कहा- ''बड़ा सुंदर बना है''
तुझको दिया था बड़े प्यार से
तू पहनेगी इसको इस अरमान से
तूने उसको एक कोने में टांग
तूने सोचा मैंने देखा नहीं
भरी आँख ले वहीं पर खड़ी थी

कितने ख्वाबों को मैंने बुना हैं,
सबने कहा- ''खूबसूरत बना है''
तूने उसे कभी देखा ही नहीं
शायद इसलिए कभी मुझे भाया नहीं है

अकेले एक दिन मेरे कमरे में आकर
तह किए ख्वाबों को तू देख रही थी
तेरे सपनों के रंगों जैसे ही थे यह
हल्की मुसकान थी..... आँसुओं की चमक भी
तूने सोचा मैं वहाँ पर नहीं थी
तेरे आशीष के लिए तरसी रुकी थी

आज फिर यह धुन यादों में आई
साथ में पुराने सपने भी लाई
बिटिया मेरे सपनों में सजी थी
काला टीका लगा हँसकर खड़ी थी
कोने में कुछ भी ना टँगा था
क्या माँ ने उसको ओढ़े रखा था।

53. माँ

– खुशी

जहाँ बचपन अपना छिपता उस पल्लू में हैं ये........माँ
जहाँ चैन की नींद सोए..... उस गोदी में, है ये........माँ
जहाँ जिद करके किए हैं पूरे.... उस अरमान में, है ये....माँ
जिसके गुस्से में भी छलकता है.... उस प्यार में, है ये.....माँ
जब कोई ना मिले तब रोने को.... मिलते कंधे में, है ये.....माँ
जिसकी सदा होती है...... उस आरजू में.... है ये....... माँ
जिसका स्थान है सदा जहाँ...... उस मन में..... है ये.......माँ
जहाँ छिपे हैं राज हमारे....... उस दिल में..... है ये.....माँ
जिसके बिना लगे सूनापन....... उस जीवन में......है ये.....माँ
जिस पर अंधा भरोसा है..... वो सच्ची दोस्त.... है ये.....माँ
जिसकी मौजूदगी फैलती जीवन में..... वो खुशी.... है ये.....माँ।

54. वंदे मातरम

– राजसिंह

हम भारतीयों के लिए वंदेमातरम भावना का चरम है
माँ का संबंध
हर धर्म, संस्कृति, समाज, देश में
इतिहास के हर मोड़ पर
सर्वोच्च सम्मानित संबंध है
माँ की वंदना करें
कहें वंदेमातरम्
हम कहें....... वंदेमातरम्
'वंदे मातरम्' शब्द भारत के है
पर सम्मान हर माँ का है।
फिर भी.......
न कर सकें वंदना ना सही
इतना तो करें
किसी बेटी की गलती पर
किसी माँ को गाली तो न दें
गलती बेटा करे....
गाली माँ खाए!!
वंदे मातरम्!!

55. एक उलझन

– खुशी

क्या कहूँ?
कहने को कोई शब्द मिलते नहीं
शब्द मिलते हैं तो
सुनने को कोई अपने नहीं मिलते
मन की बात किससे कहूँ?
जब कोई मुझे नहीं समझ पाता
उलझन में फँस जाती हूँ
तब याद आती है उस माँ की
जिसके बिना जिंदगी में
सही मंज़िल नहीं मिलती।

56. माँ कभी खतम नहीं होती!

– रंजना (रंजू) भाटिया,

माँ लफ़्ज जिंदगी का
वो अनमोल लफ़्ज है
जिसके बिना ज़िंदगी
ज़िंदगी नहीं कही जा सकती

मेरा बचपन थककर सो गया
माँ तेरी लोरियों के बगैर
एक जीवन अधूरा-सा रह गया
माँ तेरी बातों के बगैर

तेरी आँखों में मैंने देखे थे
अपने लिए सपने कई
वो सपना कहीं टूटकर
बिखर गया माँ तेरे बगैर

आज तू बहुत दूर है मुझसे
पर दिल के बहुत पास है
तुम्हारी यादों की वह अमूल्य धरोहर
आज भी मेरे साथ है
ज़िंदगी की हर जंग को
जीतने के लिए
अपने सर पर मुझे महसूस होता
आज भी तेरा हाथ है।

कैसे भूल सकती हूँ माँ
मैं आपके हाथों का स्नेह
जिन्होंने डाला था मेरे मुँह में
पहला निवाला
लेकर मेरा हाथ अपने हाथों में
दुनिया की राहों में
मेरा पहला कदम था जो डाला

जाने–अनजाने माफ़ किया था
मेरी हर गलती को
हर शरारत को
हँसकर भुलाया था
दुनिया हो जाए
चाहे कितनी पराई
पर तुमने मुझे
कभी नहीं किया पराया था
दिल जब भी भटका
जीवन के सहरा में
तेरे प्यार ने ही
नई राह को दिखाया था

ज़िंदगी जब भी
उदास होकर तन्हा हो आई
माँ तेरे आँचल ने ही
मुझे अपने में छिपाया था

आज नहीं हो तुम
जिस्म के साथ मेरे
पर अपनी बातों से
अपनी अमूल्य यादों से
तुम हर पल
आज भी मेरे साथ हो.......
क्योंकि माँ
कभी खत्म नहीं होती
तुम तो आज भी
हर पल मेरे ही पास हो
माँ हर पल
तुम साथ हो मेरे
मुझको यह एहसास है।

57. माँ तू महान है

– अंकित

माँ तू महान है
गाएं देवता भी तेरे गुणगान है।
तूने हमें चलना सिखाया
भला क्या है, बुरा क्या है
ये भी बताया
तूने किए कितने ही
अनगिनत एहसान हैं
माँ तू महान है
रोती है तू, जब रोते हैं हम
हँसती है तू, जब हँसते हैं हम
तुझमें ज़रा भी न अभिमान है
माँ तू महान है।

58. मातृत्त्व

– अंकिता यादव

उसके आने के अहसास से
सिहर उठती हूँ,
अपने अंश का
एक नये रूप में प्रादुर्भाव
पता नहीं क्या-क्या सोच
पुलकित हो उठती हूँ
उसकी हर हलचल
भर देती है उमंग मुझमें
बुनने लगी हूँ अभी से
उसकी ज़िंदगी का ताना-बाना
शायद मातृत्व का एहसास है।

59. माँ की कुछ छोटी कविताएँ

– रचना श्रीवास्तव

किस अतीत को याद कर रहीं
कौन ध्यान में तुम खो बैठीं
चारों धामों का सुख लेकर
किस चिंता में पड़ी हुई हो।
ममतामय मुख
दु:ख में पाकर सारी खुशियाँ खो जाएंगी
एक हँसी के बदले अम्मा, फिर से मस्ती छा जाएगी
सारे जीवन हमें हँसाया
सारे घर को स्वर्ग बनाया
खुद तकलीफ उठाकर अम्मा
हम सबको हँसना सिखलाया
तुमको इन कष्टों में पाकर
हम जीते–जी मर जाएंगे
एक हँसी के बदले अम्मा
फिर से मस्ती आ जाएगी।
कष्ट कोई ना तुमको आए
हम सब तेरे साथ खड़े हैं
क्यों उदास है चेहरा तेरा
किन कष्टों को छिपा रही हो
थकी हुई आँखों के आगे हम सब कैसे हँस पाएंगे

एक हँसी के बदले अम्मा, रंग गुलाल बिखर जाएंगे
सबका भाग्य बनाने वाली
सबको राह दिखाने वाली
क्यों सुस्ती चेहरे पर आई
सबको हँसी सिखाने वाली
तुमको इस दुविधा में पाकर, हम सब कैसे खिल पाएंगे
तेरी एक हँसी के बदले, हम सब जीवन पा जाएंगे।

60. माँ! ओ माई!!

– ताहिर फ़राज

अंबर की ऊँचाई, सागर की ये गहराई
तेरे मन में है समाई, माई! ओ माई!!
तेरा मन अमृत का प्याला, यहीं काबा, यहीं शिवाला
तेरी ममता जीवनदायी, माई! ओ माई!!

जी चाहें क्यूं तेरे साथ रहूँ मैं बनके तेरा हमजोली
तेरे हाथ न आऊं छुप जाऊँ, यूं खेलूँ आँख मिचौली
परियों की कहानी सुना के, कोई मीठी लोरी गाके
कर दे सपने सुखदायी..... माई! ओ माई!!

संसार के ताने-बाने से घबराता है मन मेरा
इन झूठे रिश्ते-नातों में बस प्यार है सच्चा तेरा
सब दुःख, सुख में ढल जाएँ, तेरी बाँहें जो मिल जाएं
मिल जाय मुझे खुदाई, माई! ओ माई!!

जाड़े की ठंडी रातों, जब देर से घर मैं आऊँ
हल्की-सी दस्तक पर अपनी तुझे जागता हुआ मैं पाऊँ
सर्दी से ठिठुरती जाए, ठंडा बिस्तर अपनाए
मुझे दे दे गरम रजाई, माई! ओ माई!!

61. माँ

– डॉ. सुनील जोगी

किसी की खातिर अल्लाह होगा,
किसी की खातिर राम।
लेकिन अपनी खातिर तो है,
माँ ही चारों धाम।।

दासता से बड़ी जंज़ीर नहीं होती है,
जिगर के बढ़के कोई पीर नहीं होती है।
कोई भगवान हो, रहमान या सुलतान कोई,
माँ से बढ़के कोई तस्वीर नहीं होती है।

ना पटाखे, ना दीवाली की मिठाई आएगी।
ना किसी मेहमान की खातिर मलाई आएगी।।
बाद में मेरी कलम की रोशनाई आएगी।
पहले माँ बीमार है, उसकी दवाई आएगी।।

62. माँः एक दास्ताँ

– डॉ. सुनील जोगी

जब आँख खुली तो अम्मा की,
गोदी का एक सहारा था।
उसका नन्हा आँचल मुझको,
भूमण्डल से प्यारा था।।

उसके चेहरे की झलक देख,
चेहरा फूलों-सा खिलता था।
उसके स्तन की एक बूँद से,
मुझको जीवन मिलता था।।

हाथों से बालों को नोंचा,
पैरों से खूब प्रहार किया।
फिर भी उस माँ ने पुचकारा,
हमको जी भर के प्यार किया।।

मैं उसका राजा बेटा था,
वो आँख का तारा कहती थी।
मैं बनूं बुढ़ापे में उसका,
बस एक सहारा कहती थी।।

उंगली को पकड़ चलाया था,
पढ़ने विद्यालय भेजा था।
मेरी नादानी को भी निज,
अन्तर में सदा सहेजा था।।

मेरे सारे प्रश्नों का वो,
फौरन जवाब बन जाती थी।
मेरी राहों के कांटे चुन वो
खुद गुलाब बन जाती थी।।

मैं बड़ा हुआ तो कॉलिज से,
इक रोग प्यार का ले आया।
जिस दिल में माँ की मूरत थी,
वो रामकली को दे आया।।

शादी की; पति से बाप बना,
अपने रिश्तों में झूल गया।
अब करवाचौथ मनाता हूँ,
माँ की ममता को भूल गया।।

हम भूल गये उसकी ममता,
मेरे जीवन की थाती थी।
हम भूल गये अपना जीवन,
वो अमृत वाली छाती थी।।

हम भूल गये वो खुद भूखी,
रहकर के हमें खिलाती थी।
हमको सूखा बिस्तर देकर,
खुद गीले में सो जाती थी।।

हम भूल गये उसने ही,
होठों को भाषा सिखलायी थी।
मेरी नींदों के लिए रात भर,
उसने लोरी गायी थी।

हम भूल गये हर गलती पर,
उसने डांटा- समझाया था।
बच जाऊं, बुरी नज़र से,
काला टीका सदा लगाया था।।

हम बड़े हुए तो ममता वाले,
सारे बंधन तोड़ आए।
बंगले में कुत्ते पाल लिए,
माँ को वृद्धाश्रम छोड़ आए।

उसने सपनों का महल गिराकर,
कंकड़-कंकड़ बीन लिए।
खुदगर्ज़ी में उसके सुहाग के
आभूषण तक छीन लिए।।

हम माँ को घर के बँटवारे की,
अभिलाषा तक ले आए।
उसको पावन मंदिर से,
गाली की भाषा तक ले आए।।

माँ की ममता को देख मौत भी,
आगे से हट जाती है।
गर माँ अपमानित होती
धरती की छाती फट जाती है।।

घर को पूरा जीवन देकर,
बेचारी माँ क्या पाती है?

रूखा-सूखा खा लेती है,
पानी पीकर सो जाती है।।

जो माँ जैसी देवी घर के,
मंदिर में नहीं रख सकते हैं।
वो लाखों पुण्य भले कर लें,
इन्सान नहीं बन सकते हैं।।

माँ जिसको भी जल दे दे वो,
पौधा संदल बन जाता है।
माँ के चरणों को छूकर पानी,
गंगाजल बन जाता है।।

माँ के आँचल ने युगों-युगों से,
भगवानों को पाला है।
माँ के चरणों में जन्नत है,
गिरजाघर और शिवाला है।।

हिमगिरि जैसी ऊंचाई है,
सागर जैसी गहराई है।
दुनिया में जितनी खूशबू है,
माँ के आँचल से आई है।।

माँ कबिरा की साखी जैसी,
माँ तुलसी की चौपाई है।
मीराबाई की पदावली,
खुसरो की अमर रुबाई है।।

माँ आँगन की तुलसी जैसी,
पावन बरगद की छाया है।
माँ वेद-ऋचाओं की गरिमा,
माँ महाकाव्य की काया है।।

माँ मानसरोवर ममता का,
माँ गोमुख की ऊँचाई है।
माँ परिवारों की संगम है,
माँ रिश्तों की गहराई है।।

माँ हरी दूब है धरती की,
माँ केसर वाली क्यारी है।
माँ की उपमा केवल माँ है,
माँ हर घर की फुलवारी है।।

सातों सुर नर्तन करते जब,
कोई माँ लोरी गाती है।
माँ जिस रोटी को छू लेती है,
वो प्रसाद बन जाती है।।

माँ हँसती है तो धरती का,
ज़र्रा-ज़र्रा मुस्काता है।
देखो तो दूर क्षितिज, अंबर,
धरती को शीश झुकाता है।

माना मेरे घर की दीवारों में,
चंदा-सी मूरत है।

पर मेरे मन के मंदिर में,
बस केवल माँ की मूरत है।

माँ, सरस्वती, लक्ष्मी, दुर्गा,
अनुसूया, मरियम, सीता है।
माँ पावनता में रामचरित,
मानस है, भगवतगीता है।।

अम्मा तेरी हर बात मुझे,
वरदान से बढ़कर लगती है।
हे माँ! तेरी सूरत मुझको,
भगवान से बढ़कर लगती है।।

सारे तीरथ के पुण्य जहाँ,
मैं उन चरणों में लेटा हूँ।
जिनके कोई संतान नहीं,
मैं उन माँओं का बेटा हूँ।।

हर घर में माँ की पूजा हो,
ऐसा संकल्प उठाता हूँ।
मैं दुनिया की हर माँ के,
चरणों में ये शीश झुकाता हूँ।।

63. माँ की डिग्रियाँ

– अशोक कुमार पाण्डेय

घर के सबसे उपेक्षित कोने में
बरसों पुराना जंग खाया बक्सा है एक
जिसमें तमाम इतिहास बन चुकी चीजों के साथ
मथढक्की की साड़ी के नीचे
पैंतीस सालों से दबा पड़ा है
माँ की डिग्रियों का एक पुलिंदा
बचपन में अक्सर देखा है माँ को
दोपहर के दुर्लभ एकांत में
बतियाते बक्से से
किसी पुरानी सखी की तरह
मरे हुए चूहे-सी एक ओर कर देती
वह चटख पीली लेकिन उदास साड़ी
और फिर हमारे ज्वरग्रस्त माथों-सा
देर तक सहलाती रहती वह पुलिंदा
कभी क्रोध, कभी खीझ
और कभी हताशा, रुदन के बीच
टुकड़े-टुकड़े सुनी बातों को जोड़कर
धीरे-धीरे सुनी बातों को जोड़कर
धीरे-धीरे बुनी मैंने साड़ी की कहानी
कि कैसे ठीक उस रस्म के पहले
घंटों चीखते रहे थे बाबा
और नाना बस खड़े रह गये थे हाथ जोड़कर
माँ ने पहली बार देखे थे उन आँखों में आँसू
और फिर रोती रही थी बरसों

अक्सर कहती
यही पहनाकर भेजना चिता पर
और पिता बस मुस्कराकर रह जाते........
डिग्रियों के बारे में तो
चुप ही रही माँ
बस एक उकताई-सी मुस्कराहट पसर जाती आँखों में
जब पिता किसी नये मेहमान के सामने दुहराते.......
उस जमाने की एम. ए. हैं साहब
चाहतीं किसी तो कॉलिज में होतीं
हमने तो रोका नहीं कभी
पर घर और बच्चे रहे इनकी पहली प्राथमिकता
इन्हीं के बदौलत तो है यह सब-कुछ।''

बहुत बाद में बताया नानी ने
कि सिर्फ़ कई रातों की नींद नहीं थी उनकी कीमत
अनेक छोटी-बड़ी लड़ाईयाँ
दफ़्न थी उन पुराने कागज़ों में...........
आठवीं के बाद नहीं था आसपास कोई स्कूल
और पूरा गाँव एकजुट था- शहर भेजे जाने के खिलाफ़
उनके दादा ने तो त्याग ही दिया था अन्न-जल
पर निरक्षर नानी अड़ गयी थी चट्टान-सी
और झुकना पड़ा था नाना को पहली बार
अन्न-जल तो खैर कितने दिन त्यागते
पर गाँव की उस पहली 'ग्रेजुएट' का
फिर मुँह तक नहीं देखा दादा ने!

डिग्रियों से याद आया
ननिहाल की बैठक में टँगा

वह धूल-धूसरित चित्र
जिसमें काली टोपी लगाए लम्बे-से चोंगे में
बेटन-सी थामे हुए डिग्री
माँ जैसी शक्ल-ओ-सूरत वाली
एक लड़की मुस्कराती रहती है
माँ के चेहरे पर तो
कभी नहीं देखी वह अलमस्त मुस्कान
कॉलिज के चहचहाते लेक्चर थिएटर में
तमाम हमउम्रों के बीच कैसी लगती होगी वह लड़की?
क्या सोचती होगी
रात के तीसरे पहर
इतिहास के पन्ने पलटते हुए
क्या उसके आने के भी ठीक पहले तक
कॉलिज की चहारदीवारी पर बैठा
कोई करता होगा इंतज़ार?
(जैसे मैं करता था तुम्हारा)
क्या उसकी किताबों में भी
कोई रख जाता होगा
सपनों का महकता हुआ गुलाब?

परिणामों के ठीक पहले वाली रात
क्या हमारी ही तरह धड़कता होगा उसका दिल?
और अगली रात
पंख लगाए डिग्रियों के उड़ता होगा उन्मुक्त.....
जबकि तमाम दूसरी लड़कियों की तरह
एहसास होगा ही उसे
अपनी उम्र के साथ गहराती जा रही पिता की चिंताओं का
तो क्या परीक्षा के बाद किताबों के साथ

खुद ही समेटने लगी होगी स्वप्न
या सचमुच इतनी सम्मोहक होती है
मंगलसूत्र की चमक और सोहर की खनक
कि आँखों में जगह ही न बचे किसी अन्य दृश्य के लिए
पूछ तो नहीं सका कभी।

64. माँ बिन सृष्टि कहाँ चलती है?

– इंदुमती मिश्रा 'किरण'

माँ, तुम केवल माँ हो
तुम बिन ममत्त्व कहाँ मिलता है?
तुम बिन प्यार कहाँ पलता है?
तुम बिन जीवन, कोरा सपना
तुम बिन कोई नहीं है अपना
तुम ही श्रद्धा, तुम ही ममता

तुम ही अमृत, तुम हो गंगा
तुम ही देवी, तुम ही दुर्गा
तुम बिन श्वास कहाँ चलती है?
हम हँसते तो, माँ हँसती है
हम रोते तो, माँ रोती है
अश्रु प्रवाहों में भी माँ है
सुख के पलों में भी माँ है
स्वर्ग-सुखों-सा स्नेह तुम्हारा
तुम बिन सृष्टि कहाँ चलती है?
माँ तू ही है पालनकर्त्री
तू ही दुःखों की आँच है सहती
दुःख तूने आँचल में समेटे
सुख तूने बच्चों में बाँटे
अविचल, पावन प्यार तुम्हारा
तुम बिन सिद्धि कहाँ मिलती है?

65. माँ

– डॉ. ज्योत्सना श्रीवास्तव

सूरज की अँगड़ाई लेने से पहले ही,
माँ, तेरी सुबह हो जाती है।
सूरज की राशियों के साथ ही,
तेरी ममता उमड़कर आती है।।
मेरे हँसने में भी तुझे,
सुख का एहसास होता है।
मेरी किलकिलाहट में;
तेरा पूरा जहान होता है।।
मेरे सो जाने पर तू,
मेरे जगने का इंतज़ार करती है।
अपलक निहारते हुए,
तू मेरे भविष्य को बुनती है।।
मेरे ज़िद करने पर भी,
तू अपनी ही हार मानती है।
मेरी तमन्नाएँ पूरी कर,
मुझे बाँहों में भर लेती है।।
शाम को मेरे चेहरे पर नयी ताज़गी आती है,
जब हाथ में गुब्बारा ले तू झूला मुझे झुलाती है।
थकी–हारी अँधेरी रात में,
लोरी गाकर मुझे सुलाती है।।
जब भी मैं थकी–हारी होती हूँ,
तू अपने आँचल में ढँक लेती है।
ममता का निश्छल साया दे,
तू न जाने कब सो जाती है।।
माँ, तू कितनी प्यारी है!
माँ, तू कितनी न्यारी है!!

66. माँ

– ममता दीवान

'माँ' सुनकर क्या यूँ नहीं लगता
ज्यों गर्मी का शीतल झोंका।
माँ होती है जन्मदायिनी
निज कर्मों से एक तपस्विनी
बिना किसी फल की इच्छा के
बच्चों को जग में लाती है
गीले बिस्तर पर खुद सोकर
सूखे पर हमें सुलाती है
हर ऊँच-नीच, कठिनाई में
माँ ही राह दिखाती है
पेड़ सूखने जड़ कटने पर
माँ फल टूटे मुरझाती है
हुआ था राजा एक सिकंदर
बहुत विशाल बनाया राज
रोया बहुत था माँ मरने पर
पूछने पर बतलाया राज–

राजाजी कहते बहुत मिलेंगे
'सिकंद' कौन कहेगा मुझको?
सारी दौलत ले, लौटा दे
मेरी प्यारी माता मुझको
इक दिन माँ मेरे सपने में
परी बनके आई थी
बोली– "तेरी हर इक इच्छा

होगी पूरी" बतलाई थी
बोली थी तब मैं सीना-तान,
"माँ तुम खुद ही हो वरदान"
तुमसे और मैं चाहूँ क्या माँ
बिन माँगे सब करती दान
दे सकती हो अगर यह दो वर
अगले जनम भी मिले तेरा घर
तू ही मेरी माँ बनना, माँ!
तू ही मेरी माँ बनना!!

67. माँ

– रीटा भल्ला

माँ भी क्या है बच्चों की जान,
इसके बिना मानो दुनिया सुनसान।
इसके आँचल की छाया,
कहते हैं अनमोल माँ का साया।
सदैव रहे तत्पर जान लुटाने को,
सब दुःख-दर्द दूर मिटाने को।
न्यारी है इसकी स्वार्थहीनता,
जिसमें तनिक भी नहीं मलिनता।
बच्चों के सब दर्द हरने को,
सदैव रहे तत्पर मरने को।
माँ की दुआएं खाली न जाएँ,
केवल भाग्यशाली ही इन्हें ले पाएँ।
दुआएं लुटाती भर-भर हाथ,
जिन तक रहे माँ का साथ।

68. माँ

– ओम पं. व्यास 'ओम'

माँ, माँ–माँ संवेदना है, भावना है एहसास है,
माँ, माँ जीवन के फूलों में खुशबू का वास है।

माँ, माँ रोते हुए बच्चे का खुशनुमा पलना है,
माँ, माँ मरुस्थल में नदी या मीठा–झरना है।

माँ, माँ लोरी है, गीत है, प्यारी–सी थाप है,
माँ, माँ पूजा की थाली है, मंत्रों का जाप है।

माँ, माँ आँखों का सिसकता हुआ किनारा है,
माँ, माँ गालों पर पप्पी है, ममता की धारा है।

माँ, माँ झुलसते दिलों में कोयल की बोली है,
माँ, माँ मेंहदी है, कुमकुम है, सिंदूर है, रोली है।

माँ, माँ कलम है, दवात है, स्याही है,
माँ, माँ परमात्मा की स्वयं एक गवाही है।

माँ, माँ त्याग है, तपस्या है, सेवा है,
माँ, माँ फूंक से ठंडा किया हुआ कलेवा है।

माँ, माँ अनुष्ठान है, साधना है, जीवन का हवन है,
माँ, माँ ज़िंदगी के मोहल्ले में आत्मा का भवन है।

माँ, माँ चूड़ी वाले हाथों के मजबूत धों का नाम है,
माँ, माँ काशी है, काबा है और चारों धाम है।

माँ, माँ चिंता है, याद है, हिचकी है,
माँ, माँ बच्चे की चोट पर सिसकी है।

माँ, माँ चूल्हा-धुंआ-रोटी और हाथों का छाला है,
माँ, माँ ज़िंदगी की कड़वाहट में अमृत का प्याला है।

माँ, माँ पृथ्वी है, जगत है, धुरी है,
माँ बिना इस सृष्टि की कल्पना अधूरी है।

तो माँ की ये कथा अनादि है,
ये अध्याय नहीं है...
...और माँ का जीवन में कोई पर्याय नहीं है।

तो माँ का महत्त्व दुनिया में कम हो नहीं सकता,
और माँ जैसा दुनिया में कुछ हो नहीं सकता।

और माँ जैसा दुनिया में कुछ हो नहीं सकता,
तो मैं कला की ये पंक्तियाँ माँ के नाम करता हूँ,
और दुनिया की सभी माताओं को प्रणाम करता हूँ।

69. अनाथ की माँ

– शिवकुमार 'बिलग्रामी'

अनाथ की माँ
एक सपना होती है
और उस सपने में माँ,
.....हमेशा रोती है

जब भी उसका लाल
भूखा, प्यासा, बेहाल
सड़क पर भटकता है
या फुटपाथ पर सोता है
सपने वाली माँ का
बुरा हाल होता है

सर्दियों की रात में
सिकुड़कर गठरी बने
अपने लाल के बालों में
उंगलियाँ फँसाकर
माँ उसे सहलाती है
'रोज-रोज सपनों में आती है'

इंसानियत के दुश्मन
जब भी उसके लाल को
बात-बेबात सताते हैं
अपने स्वार्थ के लिए
कभी उठाईगीर
तो कभी चोर बताते हैं

और अनियंत्रित हो
लात–घूंसा बरसाते हैं
तब अक्सर सपनों वाली माँ
अपने बेहोश लाल के पास आती है
हाथ का सहारा दे
उसको उठाती है
'चोटों को सहलाती है'

माँ की मखमली
जादुई उँगलियों के स्पर्श से
अनाथ ज्यों–ज्यों सुकून पाता है
उसके दिल में
यह ख्याल आता है
कि यदि माँ....
सपनों में भी न आती
तब तो मेरी–
दुनिया ही उजड़ जाती....।
दुनिया ही उजड़ जाती....।।
दुनिया ही उजड़ जाती....।।।

70. अम्मा

– संतोष कुमार तिवारी

चाहता था
थोड़ा समय बीमार माँ के साथ
गुजारूं
सूख चुकी उनकी
टाँगों पर लेट जाऊँ
और कहूँ
'अम्मा! सुनाओ कोई
कहानी'
उनके लाख चिड़चिड़ाने के
बावजूद!

चाहता था
अम्मा के रोपे पौधे को
पानी दूँ
अम्मा सरीखे उदास
फूलों से बतियाऊँ
और गुलमोहर से धीरे-से
कान में पूछूँ
'अम्मा को हँसते कब देखा
सच-सच बताना।'

कई बार चाहा
पत्नी को खुलकर डांट लगाऊँ
जब वह भुनभुनाती थी
अम्मा की आदतों पर

बीमारी के चलते
थोड़े दिन से अम्मा
ऊँचा सुनने लगी थीं।

पूरे मन से चाहा था
अंतिम समय में
कंधा दूँ माँ को
ठीक उस वक्त
घर से दूर था हज़ार मील।

आज अम्मा को
गंवा चुकने पर
अपने-आपसे सिर्फ
एक सवाल करता हूँ-
'क्या इस दुनिया में
मुझे पैदा करने की
खातिर
पैदा हुई थीं अम्मा!'

71. माँ

– जय वर्मा

शीश नवाता चल जीवन की भक्ति है माँ
घर, मंदिर, देवालय, ममता का आँगन है माँ
प्रेम, करुणा और वात्सल्य का रूप है माँ
डिगा न सके कोई ऐसी शक्ति होती है माँ
त्याग, वरदान और स्नेह की देवी है माँ
संदेश तुम्हारा सुनने को आतुर रहती है माँ
विशाल हृदय जिसका ऐसी सहयात्री है माँ
सप्तम स्वर की प्रेम-वंदना के गीत है माँ
फलित पुण्य की आस्था-डोर होती है माँ
गंगाजल की निर्मल धारा होती है माँ
वन-उद्यान की पुष्प-मकरंद होती है माँ
आश्वासन, क्षमादात्री-पूजा की थाल है माँ
अनुराग और हर्ष से भरा आँचल है माँ
वेद, पुराण, गीता और रामायण है माँ
हिमालय से ऊँची, सागर से गहरी है माँ
दिन का सूरज और रात की चंदा है माँ
संपूर्ण परिवार और रिश्तों का प्यार है माँ
जान भी माँगो देने को तत्पर होती है माँ
दुनिया में कौन जिसे न याद आती है माँ!

72. प्रायश्चित

– रसिक गुप्ता

सामने माँ का पार्थिव शरीर पड़ा था
और बेटा निःशब्द
किसी मूर्ति-सा खड़ा था
फ़र्क़ था तो सिर्फ आँसुओं का
जो निरंतर बह रहे थे
और बिना कुछ कहे ही
सब-कुछ कह रहे थे

बेटा इसलिए नहीं रो रहा था
कि माँ ज़िंदगी से मुख मोड़ गई थी
मुझे अकेला छोड़ गई थी
वह जानता है कि मौत तो एक बहाना है
एक दिन हम सबको ही जाना है

बल्कि इसलिए रो रहा था–
मेरी माँ ने जीवन में
कभी बाज़ार से
कुछ लाने के लिए नहीं कहा
कभी कुछ खाने के लिए नहीं कहा
फटी-पुरानी होने के बावजूद
कभी नई साड़ी के लिए नहीं कहा
हर कमी को चुपचाप सहा
और मैं अनजान बन सब देखता रहा

माँ कितनी ही बार
खुद गीले में सोकर
बच्चे को सूखे में सुलाती है
बच्चा रोता है तो
सारी रात बाँहों में झुलाती है
बच्चे को हँसता देख
माँ के नयन कैसे खुशी से फूल जाते हैं!
और बच्चे बड़े होकर
कितनी आसानी से अपने फर्ज़ भूल जाते हैं

जब कभी मैं देर से घर आता था
तो माँ को दरवाज़े पर खड़ा पाता था
माँ उसी वक्त मेरे लिए
गर्मागर्म खाना पकाती थी
और मुझे खिलाने के बाद
बचा-खुचा खुद खाती थी

एक बार जब मैं बीमार पड़ा
एक सौ चार डिग्री बुखार चढ़ा
माँ कभी बातों से बहलाती
कभी पीठ सहलाती
कभी दवा, कभी दुआ करते
कितना रोई, सारी रात जागी
एक पल भी नहीं सोई

एक बार जब माँ का शुगर लेबिल
थोड़ा-सा बढ़ा पाया था

तो मुझे माँ पर कितना गुस्सा आया था
माँ ने तो प्रसाद का
बस एक पेड़ा खाया था
और उस दिन के बाद
मीठे को कभी हाथ भी नहीं लगाया था
जिस दिन हमारी फैमिली
डिनर पर बाहर जाती थी
माँ घर पर अचार से रोटी खाती थी
शुगर से बहुत घबराती थी

हाँ, मैंने माँ से किया था
एक दिन दवा लाने का वादा
लेकिन दवाई की दुकान पर
भीड़ थी बहुत ज्यादा
बेटे का जन्मदिन है
देर हो गई तो मचल जाएगा
शीशी में जरा-सी दवा तो बची ही होगी
माँ का काम
किसी-न-किसी तरह चल जाएगा
माँ के पैरों में न जान
न हाथों में छड़ी थी
दिखाई कम देता था
एक बार गिर पड़ी थी
तब माँ ने पहली बार कहा था–
“बेटा! मुझे एक चश्मा ला दे”
कैसे भूलूं माँ से किए हुए वो वादे
कि अभी तो टाइम नहीं है
अगले सप्ताह छुट्टी लेकर

जब बीवी को शापिंग कराने ले जाऊँगा
तो माँ तुम्हारा चश्मा ज़रूर बनवाऊँगा

एक बार माँ और बीवी
दोनों की साड़ी लेने बाज़ार गया
तो वहाँ भी मैं
माँ की ममता के आगे हार गया
बीवी एक मंहगी साड़ी लेने के लिए अड़ गई
ज़ेब में रखी हुई राशि
बीवी की साड़ी के लिए ही कम पड़ गई
माँ ने तब भी यही कहा था–
"बेटा! तू बहू को ही साड़ी दिला दे
मुझे कौन-सा किसी पार्टी में जाना है
सारा दिन घर पर ही तो बिताना है।"

एक बार माँ ने कहा था–
"बेटा! अब भरोसा नहीं रहा
पता नहीं, कब चली जाऊँ
सोचती हूँ, एक बार हरिद्वार हो आऊँ।"
अगले साल चली जाना माँ
मैंने ये कहकर टाल दिया था
और माँ को घर की रखवाली के लिए छोड़
'हिल स्टेशन' पर डेरा डाल दिया था

जिस दिन माँ ने
मेरी तरक्की के लिए व्रत रखा था
और भगवान से मन्नत माँगी थी

उस दिन मैंने अपनी निकृष्टता की
हर सीमा लांघी थी

मैंने कहा था–
"माँ, मैं शाम को जल्दी घर आऊँगा
और तुम्हारे लिए फल लाऊँगा
लेकिन जैसे ही हुई शाम
टकराए जाम-से-जाम
घर पहुँचा तो बहुत देर हो चुकी थी
और माँ फलों के इंतज़ार में
भूखी ही सो चुकी थी

जिस दिन मन्नत पूरी हुई
मैं अफसर बना था
माँ का सीना गर्व से कैसे तना था
मुझे शाम को माँ के साथ मंदिर जाना था
लेकिन दूसरी तरफ
दोस्तों के साथ खाना खाना था
उस वक्त भी मैंने अपने पुत्र-धर्म से
नाता तोड़ दिया था
और गाड़ी होते हुए भी
माँ के बूढ़े जर्जर शरीर को
बसों में धक्के खाने के लिए
भगवान-भरोसे छोड़ दिया था

माँ के नाम कोई प्रापर्टी नहीं थी
और माँ का व्यवहार भी सख़्त नहीं था

शायद इसीलिए मेरे पास माँ के लिए वक्त नहीं था
तो माँ जिसने अपनी संतान को
नौ महीने अपने खून से सींचा
प्यार लुटाते-लुटाते छली गई
और ज़रूरतों के
पूरा होने का इंतजार करते-करते
इस दुनिया से चली गई

देखो! देखो!! माँ का शरीर
अब भी कुछ नहीं माँग रहा
चुपचाप सो रहा है
और वो बेटा किसी को क्या बताए
कि वो क्यों रो रहा है?

अब तो केवल पश्चात्ताप के आँसू ही बहाऊँगा
और जिस माँ ने
मुझे अपना सब-कुछ दिया
उसे सिर्फ कंधा ही दे पाऊँगा।

73. माँ

– तहसीन मुनव्वर

हँसती होगी, रोती होगी, हँसती होगी माँ
रात को घर के किस कमरे में जलती होगी माँ?

बाप का मरना मेरे लिए जब इतना भारी है
उसके बिना तो रोज ही जीती-मरती होगी माँ!

बाबूजी घोड़ी पर चढ़कर घर आते होंगे
अपनी याद में दुल्हन जैसी सजती होगी माँ

पानी का नलका खोला तो आँसू बह निकले
गहरे कुएं से पानी कैसे भरती होगी माँ?

मेरी खातिर अब भी चाँद बनाती होगी ना
जब भी तवे पर घर की रोटी पकाती होगी माँ

अपनी आँख का नूर तो वह बस मुझको कहती थी
मेरी भेजी चिट्ठी कैसे पढ़ती होगी माँ?

मेरी लम्बी उम्र की अर्ज़ी होठों पर लेकर
मंदिर के सब ज़ीने कैसे चढ़ती होगी माँ?

74. प्रवासी बेटे का अन्तर्मन

– विजय काका

या तो मुझको भूल गई यों
याद नहीं क्या तुझको आती?
तेरा बेटा जाग रहा माँ
क्यूं न आकर मुझे सुलाती
सुरभित अपनी गोद में लेकर
प्यार से जब तू दुलराती थी
हौले-हौले गोद हिलाकर
मंद-मंद तू कुछ गाती थी
मैं तो तेरी छवि ताकता
ना जाने कब सो जाता था
थपकी स्नेहिल हाथों की पा
सपनों में मैं खो जाता था
अवचेतन चेतन में मेरे
घूम रहा उस घर का आँगन
जहाँ खूब मचला करता था
खींच-खींचकर तेरा दामन
मुझको समझाने के हेतु
तेरा मुझको चपत लगाना
उन्हीं क्षणों फिर खींचके उर में
मेरे गालों को सहलाना
बिसरा ना पाया हूँ मैं माँ
खुली हुई चुपकीली गलियां
हाथ की रोटी चूल्हे वाली
रखकर खाना गुड़ की डलियां

क्या वो पगडंडी-सी गलियां
अब भी वैसी ही प्यारी हैं?
आम के पेड़ों की वो अमियां
क्या सब वैसी ही न्यारी हैं?
सौंधा-सौंधा अब भी क्या माँ
हाथ के नल का वह पानी है?
प्यारी अपनी गाय को क्या तू
दे पाती अब भी सानी है?
क्या ज़ेबों में कंचे भरकर
कोई बिल्लू घर आता है?
कुल्फी वाला अब भी क्या माँ
मुझे पूछता रुक जाता है?
आंगन के चूल्हे पर माँ तू
जब रोटी सेका करती थी
माखन-रोटी मुझे खिलाकर
प्यार से तू देखा करती थी
दूध नहीं जब मैं पीता था
मीठी-मीठी डांट लगाती
पूरी-हलवे का लालच
झट पट सारा दूध पिलाती
ज़िद मेरी पूरी करने को
हरदम बापू से कहती थी
दंगा हर पल मैं करता था

ताने सब तू ही सहती थी
यूं तो ढेर-सी बातें हैं माँ
मन करता है सब कह जाऊँ
तेरी यादों की सरिता में
कूद पड़ूँ और बहता जाऊँ
सरगम में तेरी उन यादों की
माँ जब भी मैं खो जाता हूँ
मुझको लोरी-सी लगती हैं
गाते-गाते सो जाता हूँ।

75. अनपढ़ माँ

– चिराग़ जैन

चूल्हे-चौके में व्यस्त
और पाठशाला से
दूर रही माँ
नहीं बता सकती
कि "नौ-बाई-चार" की
कितनी ईंटें लगेंगी
दस फीट ऊँची दीवार में
....लेकिन अच्छी तरह जानती है
कि कब, कितना प्यार ज़रूरी है
एक हँसते-खेलते परिवार में।

त्रिभुज का क्षेत्रफल
और घन का घनत्व निकालना
उसके शब्दों में 'स्यापा' है
....क्योंकि उसने मेरी छाती को
ऊनी धागे के फन्दों
और सिलाइयों की
मोटाई से नापा है

वह नहीं समझ सकती
कि 'ए' को
'सी' बनाने के लिए
क्या जोड़ना
या घटाना होता है

....लेकिन
अच्छी तरह समझती है
कि भाजी वाले से
आलू के दाम
कम करवाने के लिए
कौन-सा फॉर्मूला
अपनाना होता है।

मुद्दतों से
खाना बनाती आई माँ ने
कभी पदार्थों का तापमान नहीं मापा
तरकारी के लिए
सब्ज़ियाँ नहीं तौलीं
और नाप-तौल कर
ईंधन नहीं झोंका
चूल्हे या सिगड़ी में
....उसने तो
केवल खुश्बू सूंघकर बता दिया है
कि कितनी कसर बाकी है
बाजरे की खिचड़ी में।

घर की
कुल आमदनी के हिसाब से
उसने हर महीने
राशन की लिस्ट बनाई है
खर्च और बचत के
अनुपात निकाले हैं

रसोईघर के डिब्बों
घर की आमदनी
और पन्सारी की
रेट-लिस्ट में
हमेशा सामन्जस्य बैठाया है
....लेकिन
अर्थशास्त्र का
एक भी सिद्धान्त
कभी उसकी समझ में
नहीं आया है।

वह नहीं जानती
सुर-ताल का संगम
कर्कश, मुदु और पंचम
सरगम के सात स्वर
स्थाई और अन्तरे का अन्तर
....स्वर साधना के लिए
वह संगीत का
कोई शास्त्री भी नहीं बुलाती थी
....लेकिन फिर भी मुझे
उसकी लल्ला-लल्ला लोरी सुनकर
बड़ी मीठी नींद आती थी।

नहीं मालूम उसे
कि भारत पर
कब, किसने आक्रमण किया
और कैसे जुल्म ढाए थे

आर्य, मुगल और मंगोल कौन थे,
कहां से आए थे?
उसने नहीं जाना
कि कौन-सी जाति
भारत में
अपने साथ
क्या लाई थी
लेकिन
हमेशा याद रखती है
कि नागपुर वाली बुआ
हमारे यहाँ
कितना खर्चा करके आई थी।

वह कभी नहीं समझ पाई
कि चुनाव में
किस पार्टी के निशान पर
मुहर लगानी है
लेकिन इसका निर्णय
हमेशा वही करती है
कि जोधपुर वाली दीदी के यहाँ
दीपावली पर
कौन-सी साड़ी जानी है।

मेरी अनपढ़ माँ
वास्तव में अनपढ़ नहीं है
वह बातचीत के दौरान
पिताजी का

चेहरा पढ़ लेती है
काल-पात्र-स्थान के अनुरूप
बात की दिशा
मोड़ सकती है
झगड़े की सम्भावनाओं को
भांपकर
कोई भी बात
खूबसूरत मोड़ पर लाकर
छोड़ सकती है।

दर्द होने पर
हल्दी के साथ दूध पिला
पूरे देह की पीड़ा को
मार देती है
और नज़र लगने पर
सरसों के तेल में
रूई की बाती भिगो
नज़र भी उतार देती है

अगरबत्ती की खुश्बू से
सुबह-शाम
सारा घर महकाती है
बिना काम किए भी
परिवार तो रात को
थककर सो जाता है
लेकिन वो
सारा दिन काम करके भी
परिवार की चिन्ता में

रात भर सो नहीं पाती है।

सच!
कोई भी माँ
अनपढ़ नहीं होती
सयानी होती है
क्योंकि
ढेर सारी डिग्रियाँ
बटोरने के बावजूद
बेटियों को
उसी से सीखना पड़ता है
कि गृहस्थी
कैसे चलानी होती है।

76. माँ का प्यार नहीं है

– कमलेश द्विवेदी

यहाँ सभी सुख-सुविधायें हैं लेकिन सुख का सार नहीं है।
मिला शहर में आकर सब कुछ लेकिन माँ का प्यार नहीं है।।
घर में खाओ या होटल में,
मिल जाती है पूरी थाली।
लेकिन यहाँ नहीं मिल पाती,
रोटी माँ के हाथों वाली।
तन का सुख है पर मन वाला वो सुखमय संसार नहीं है।
मिला शहर में आकर सब कुछ लेकिन माँ का प्यार नहीं है।।
अक्सर सपने में दिख जाते,
माँ के पाँव बिवाई वाले।
धान कूटने में पड़ जाने
वाले, वो हाथों के छाले।
फिर भी घर के काम-काज से माँ ने मानी हार नहीं है।
मिला शहर में आकर सब कुछ लेकिन माँ का प्यार नहीं है
हम सब होली पर रंग खेलें,
दीवाली पर दीप जलायें।
बच्चों के संग हंसी-खुशी से,
घर के सब त्यौहार मनायें।
पर सच पूछो तो माँ के बिन कोई भी त्यौहार नहीं है।
मिला शहर में आकर सब कुछ लेकिन माँ का प्यार नहीं है।
बच्चों के सुख की खातिर माँ,
जाने क्या-क्या सह लेती है।
हम रहते परिवार साथ ले,
पर माँ तनहा रह लेती है।
माँ के धीरज की धरती का कोई पारावार नहीं है।

मिला शहर में आकर सब कुछ लेकिन माँ का प्यार नहीं है।।
अपने लिये नहीं जीती माँ
सबके लिये जिया करती है।
घर को जोड़े रखने में वो
पुल का काम किया करती है।
माँ के बिना कल्पना घर की करना सही विचार नहीं है।
मिला शहर में आकर सब कुछ लेकिन माँ का प्यार नहीं है।।

77. माँ के जैसा प्यार

– सलिल सागर

माता–शिशु का प्यार देख पत्थर भी पिघल जाता।
माँ के जैसा प्यार जगत में कहीं न मिल पाता।।

नौ माह गर्भवास करवा के स्तनपान कराती।
कोई भी मौसम हो शिशु को सीने से लिपटाती।।
निज ममता में नन्हें शिशु को अपना लहू पिलाती।
स्वयं लेटती गीले में, सूखे में उसे सुलाती।
शिशु के आँसू देख जननि का हृदय निकल आता।
माँ के जैसा प्यार जगत में कहीं न मिल पाता।।

अपने सुख की तिलांजलि दे शिशु को सुख देती।
सहकर कष्ट हज़ारों शिशु में सपने बो देती।।
भेदभाव वह ना करती–बेटा हो या बेटी
उन्नति–पथ पर बढ़ता जाए–ये आसीष देती।।
उसके त्याग–तपस्या से नन्हा शिशु पल पाता।
मां के जैसा प्यार जगत में कहीं न मिल पाता।।

माँ से चन्दामामा मिलता तारों संग खिलता।
माँ के आंचल के आगे अम्बर बौना लगता।।
माँ की ममता पाने को भगवान तरस जाते।
माँ की ममता रोने से वो मेघ बरस जाते।।
माता से ही एक पिता का गुलशन खिल पाता।
माँ के जैसा प्यार जगत में कहीं न मिल पाता।।

78. माँ : कुछ छवियाँ

(1)
किसी की खातिर अल्लाह होगा किसी की खातिर राम
लेकिन अपनी खातिर तो है माँ ही चारों धाम

– डॉ. सुनील जोगी

(2)
किसी के हिस्से घर आया
किसी के हिस्से दुकां आई।
मैं घर में सबसे छोटा था
मेरे हिस्से में माँ आई।।

–मुनव्वर राना

(3)
बड़के को कंगन मिले,
छुटके को जंज़ीर।
बिटिया के हाथों लगी,
अम्मा की तस्वीर!!

– डॉ. सुरेश अवस्थी